D1873118

MANCHE MÖGEN´S SCHARF

GÜNTHER FRANK

C·H·I·L·I & C·O

MANCHE MÖGEN´S SCHARF

Die Rezepte in diesem Buch wurden vom Autor sowie der Redaktion sorgfältig erwogen und geprüft, dennoch kann eine Garantie nicht übernommen werden. Eine Haftung des Autors, der Redaktion bzw. des Verlages und seiner Beauftragten für Personen-, Sach- und Vermögensschäden ist ausgeschlossen.

ISBN 3-85431-123-0

1. Auflage 1995 / Alle Rechte vorbehalten

Herausgeber, Verlag und Vertrieb:
Verlagsbuchhandlung Pichler, Altmannsdorferstraße 154-156, A-1232 Wien
Druck – Elbemühl Druck und Verlag GesmbH
Text – Prof. Günther Frank
Redaktion – Dr. Christiane Scholler, Mag. Rudolf Seuhs
Grafische Gestaltung – Mag. Gerti Gnan
Satz und Druckvorstufe – pavlik design
Lektorat – Textstudio Scholler & Seuhs
Fotos – Stefan Liewehr (inklusive Titel), GUSTO-Archiv sowie Privatarchiv Frank
Verlagsbuchhandlung PICHLER©
Hergestellt auf chlorfrei gebleichtem Papier

INHALT

Den beiden Frauen, die mich schon lange durchschauen:
Meiner geliebten Tochter
Muckerle Zwocklmeier Zwirschina Huberle Knopferl
und der ihr fast ebenbürtigen Tante
Pimpus Crispus Haselnuß Quadragenus Octeianus, meiner Schwester,
in inniger Verbundenheit gewidmet.

Kula Bubschl

Der weltbekannte Gourmetkritiker und Papst der Eßkultur, **WOLFRAM SIEBECK**,
am 22. September 1995 im Gespräch mit Günther Frank:

**„Chili essen ist etwas Lustvolles,
das nicht nur der Gesundheit dient, sondern auch den Lebensmut stärkt!"**

Gestatten: Günther Frank

Zur Person eines vielseitigen Künstlers

Günther Frank wurde am 16. September 1936 in Wien als Sohn eines Rechtsanwaltes geboren. Realgymnasium und Matura in Horn/Niederösterreich, danach studierte er Malerei und Kunsterziehung an der Akademie für bildende Künste in Wien. Als Werkstudent wurde er 1957 österreichischer Rock & Roll-Meister und absolvierte eine zusätzliche Schauspiel- und Gesangsausbildung.
1958 erfolgten die ersten Auftritte als Schlagersänger sowie Rundfunk-, Fernseh- und Schallplattenaufnahmen. Ab 1959 erhielt Günther Frank zahlreiche Rollen in Filmen, aber auch als Operettenbuffo und Musicaldarsteller war er im deutschsprachigen Raum erfolgreich.
Er trat 5 Jahre als Kabarettist im Simpl unter Karl Farkas auf und spielte Theater – von Boulevardstücken über Nestroy-Possen bis zum „Bürger als Edelmann" unter Jean Louis Barrault am Wiener Burgtheater.
Auf Bühne und Platte reicht das gesangliche Spektrum von der klassischen Operette über Chanson und Wienerlied bis zum Jazz.
Gastspiele mit eigenen Soloabenden führten Günther Frank von New York bis Rio de Janeiro, von Mexico City bis Hongkong. Als Regisseur inszenierte er Straßentheater und avantgardistische Einakter. Ab 1986 moderierte er etliche Jahre eine monatliche Rundfunkreihe in den USA und Kanada mit mehr als 10 Millionen ständigen Hörern.
Beim heimischen Publikum ist Günther Frank vor allem durch tausende Hörfunksendungen wie „Autofahrer unterwegs", „Hereinspaziert", „Discothek am Samstagabend", „Schöne Stimmen – schöne Weisen", diverse „Frühschoppen", „Music-Scout", „Lieblingsschlager – Schlagerlieblinge", „Guten Morgen Wien", „Weltreisender in Musik", „Radio Vier-Viertel", „Sonntagskabarett", „Ein Stückerl altes Wien" und andere Radioserien beliebt.
Bekannt sind auch seine vielen Fernsehauftritte in österreichischen und internationalen Produktionen, von „Musik ist Trumpf" über „Dalli-Dalli" und die „Peter-Alexander-Show" oder Heinz Conrads „Guten Abend am Samstag" und „Seniorenclub" bis zu 12 Folgen „Tanzcafé", 6 Folgen „Der Musikboxer" sowie 6 Folgen „Die 4 von der Klangstelle" und andere mehr.
Eigene Günther-Frank-Fernsehshows haben die Titel „Ich lade gern mir Damen ein", „Ich lade gern mir Freunde ein" oder „Ich lade gern mir Nachbarn ein", aber auch „Spiel mit mir", „Spuk mit mir", „Ein Abend bei Johann Strauß" oder „Electronic Melody".
Im Fernsehen der Bundeshauptstadt „Wien heute" hat Günther Frank jeden Dienstag mit der Serie „Unsere Stadt" seinen fixen Platz. Als Spaziergänger entdeckt er für den Zu-

„Gestatten…"

schauer unbekannte Details allseits bekannter Dinge.
Sein Schaffen als bildender Künstler hat er in zahlreichen Ausstellungen im In- und Ausland dokumentiert. Günther Frank ist Gründer der internationalen Künstlergruppe „Die Spirale", ordentliches Mitglied des Österreichischen Schriftstellerverbandes und des Presseclubs „Concordia".
1986 erhielt Günther Frank für seine Malerei den Berufstitel „Professor", für seine Leistungen als darstellender Künstler und Vertreter Österreichs auf ausländischen Bühnen wurde er mit dem „Österreichischen Ehrenzeichen für Wissenschaft und Kunst 1. Klasse" ausgezeichnet.
Der Künstler lebt heute an der Wiener Stadtgrenze in Niederösterreich und ist mehr denn je ein „Weltreisender" – in Sachen Kunst und Kultur!

Foto: Gerhard Bartl

Wiener Festwochen – Moderation am Rathausplatz:
Tanz mit einer Dame aus dem Publikum

Scharfe Sachen

Manche mögen´s scharf – wie komme ich nur auf so einen Titel?
Ich darf Sie beruhigen: Die scharfen Sachen, über die ich Ihnen etwas erzählen möchte, sind absolut salonfähig! In meinem Buch geht es um Scharfes im eigentlichen Sinne des Wortes: Scharfe Sachen aus der Küche, die Sie mit mir genießen können, garniert mit milden Zutaten des Lebens, bekömmlicher Anekdotenkost und unterhaltsamen Zwischengängen. Eine leicht verträgliche Mischung also, die so bunt ist wie das Leben selbst.

Die liebe Filmerei

„Some like it hot": Sicher haben Sie diesen köstlichen Film gesehen! Ganz besonders schätze ich Jack Lemmon, er ist wohl einer der größten Komödianten des Films. Meine Lieblingsstelle ist die Tanzszene mit der Blume. Natürlich wollen wir auch die unsterbliche Marilyn Monroe nicht vergessen; ich frage mich, ob sie das naive Mädchen so großartig gespielt hat, oder ob sie wirklich so war.
Auf jeden Fall ist dieser Film mit all seinen Nuancen ein echtes Meisterwerk. Bei jeder der Szenen merkt man, daß es den Schauspielern offensichtlich Spaß gemacht hat, den Film zu drehen! Wo findet man heute noch Vergleichbares?
„Some like it hot" wurde 1959 gedreht, und seit damals gibt es für mich eigentlich nur mehr einen Film, der an ihn herankommt: „Ein Käfig voller Narren"! Diese Komödie in zwei Teilen ist das Unterhaltsamste, was in den letzten Jahren auf den Markt kam – für mich jedenfalls.
Apropos Film: Während Marilyn Monroe „Some like it hot" drehte, startete auch ich meine Filmkarriere. Zu dieser Zeit war ja das Fernsehen noch in den Kinderschuhen; die Unterhaltungsindustrie bestand aus Schallplatte und Kinofilm.
Ich hatte im Jahre 1959 meinen ersten Schallplattenhit „Oh Annabella" – darüber möchte ich Ihnen später noch erzählen. Wer aber damals singen konnte, der hatte auch Chancen beim Film.
So erhielt ich eines Tages einen Anruf, ob ich nicht in einem Film eine größere Rolle übernehmen wollte. Ich muß dazu erklären, daß ich 1959 natürlich – im zarten Alter von 23 Jahren – noch rank und schlank gewesen bin. Die Wenigsten wissen vielleicht, daß ich 1957 österreichischer Rock & Roll-Meister war; ich war damals auch aktiver Ruderer und habe generell sehr viel Sport betrieben. Kurzum, ich konnte nicht nur Schlager singen, sondern mich auch gut bewegen und war überdies durchaus herzeigbar!
Mein erster Film hieß „Mein Schatz, komm mit an´s blaue Meer". Das Meer war damals wirklich noch blau, wir hatten in Venedig, am Comosee und in Salzburg gedreht und ich

„Oh Annabella"
Szene aus dem Film
„Mein Schatz, komm´ mit ans blaue Meer" (1959)

fand mich in meiner ersten Hauptrolle. Mit von der Partie: Renate Ewert, in die ich laut Drehbuch schrecklich verliebt zu sein hatte – was mir aber nichts half, denn Joachim Fuchsberger mußte sie mir wegschnappen.
Meine weiteren Partner in diesem Film waren Harald Juhnke, Hans von Borsody und Dany Mann, mit der ich ein herrliches Duett schmetterte. Dany hat übrigens in dieser Zeit auch mit Peter Kraus gesungen; unser Duett jedenfalls hieß „Liebe auf den ersten Blick".
Meine allererste Liebe gehörte jedoch dem Tanz. In den Jahren 1956 bis 1958 rockte ich nicht nur auf Tourneen. In dem Film, „Ober, zahlen" mit Hans Moser durfte ich als Rock & Roll-Tänzer ein scharfes Tanzsolo hinlegen, in „Ein tolles Hotel" habe ich Josef Meinrad gedoubelt.
Unvergeßlich ist mir auch „Die Halbzarte". In diesem Streifen hat außerdem meine steile Karriere als Sprachtalent begonnen, denn ich habe darin immerhin einen ganzen Satz gesprochen! Die Szene spielte in einem Jazzkeller, einer Umgebung, die ich damals beinahe als mein Zuhause empfand. Meine Partnerin war Romy Schneider, der ich aufgrund meiner tragenden Rolle tatsächlich ins Auge gestochen bin. Sie hat mich mögen und ich sie natürlich auch. Leider ist es bei dieser Begegnung geblieben – aber ich habe heute noch das Gefühl, daß zwischen uns beiden eine faszinierende, prickelnde Spannung lag. Wenn das nicht scharf ist für einen 21jährigen?
Ach ja, und dann gab es noch den Streifen „Hengst Majestoso Austria". Das war 1957, die Hauptrollen spielten damals Gustav Knuth und Lotte Ledl. Lotte war in dieser Zeit für mich ein unerreichbarer Star; heute sind wir gute Freunde. Als Werkstudent – ich studierte an der Akademie für Bildende Künste in Wien Malerei und Kunsterziehung – war ich sozusagen Assistent des Innenarchitekten und durfte das Malatelier ausstatten, in dem einige Szenen spielten. Ich stellte meine Bilder zur Verfügung und malte Kulissen, aber auch ein Aktbild von Lotte Ledl – some like it hot!
Doch nun zu meiner großen kulinarischen Leidenschaft: dem Chili!

Als Prinz Orlofsky in der „Fledermaus“ von Johann Strauss (1983)

Kleiner Leitfaden zur Verwirrung

Der Chili ist Mitglied der großen Paprika-Familie. Diese feurige Familie ist über den ganzen Erdball verstreut, hat unzählige Verwandte und gehört zum Stamm der Nachtschattengewächse, lateinisch „solanaceae". Übrigens: Auch Kartoffel oder Tomaten sind Nachtschattengewächse! In jenen Zeiten, in denen ich selbst ein Wiener Nachtschattengewächs war, bedeuteten mir allerdings Geschmack und Kalorienzahl der Nahrungsmittel weit mehr als deren botanische Einteilung...
Naturgeschichte hat mich schon immer interessiert, und als Bub wollte ich Naturforscher werden. Daraus ist zwar nichts geworden, aber ich liebe die Natur und fühle mich sehr mit ihr verbunden. Heute wohne ich außerhalb Wiens, habe zwei Schäferhunde, die gut aufpassen und 12 Schildkröten als Hausgenossen; einen großen Garten mit zwei Teichen und zähle – wenn es meine Freizeit erlaubt – Frösche und Libellen.

Tierisches

Meine Liebe zu Tieren zeigte sich schon in frühester Kindheit. Ich war ein mit Spielzeug reich bedachtes Kind; unter anderem besaß ich ein großes Lastauto und eine Ritterburg. Stundenlang konnte ich allein im Garten spielen, ohne jemanden zu stören, und die gesamte Verwandtschaft war einfach entzückt über dieses brave Kind. Wenn ich jedoch mit einem Auto voller Regenwürmer und Schnekken auftauchte, änderte sich die Meinung recht schnell. Die Tiere wollte ich unbedingt in mein Zimmer mitnehmen, und in meiner Ritterburg ließ ich eigenhändig gefangene Heuschrecken und Käfer als Soldaten oder geharnischte Ritter hausen. Ich glaubte einfach, daß all diese Tieren dort sehr glücklich sind!
Als ich älter wurde, blieb ich zunächst das „liebe" Kind. Von meinem ersten Taschengeld kaufte ich mir zum Schrecken der Familie weiße Mäuse, die ich mit dunklen zu kreuzen versuchte: Denn ich wollte so gerne gescheckte Mäuse haben! Sie entwischten mir aber über den Balkon unseres Hauses im 18. Wiener Gemeindebezirk, überwinterten im Garten, vermehrten sich – einfärbig – unmäßig und wurden zu einer riesigen Plage.
Zur Verstärkung meiner Tierliebe hat vielleicht auch Lorenz Hagenbeck beigetragen, ein guter Freund meiner Eltern aus der berühmten Zirkusdynastie Hagenbeck, die in Wien ein gemauertes Zirkushaus besaßen. Von ihm bekam ich einmal ein Zwergäffchen geschenkt, das ich ständig mit mir herumschleppte. Später beglückte er mich sogar mit

Foto: Franz Fink

Vernissage meiner Bilder mit prominenten Kollegen:
Heinz Conrads, Fritz Muliar und – meinem Schilkrötenmodell „META" (1970)

2 Zwergeseln samt Wägelchen, womit ich ganz allein herumfahren durfte!
Auch Hunde gehörten von Kindesbeinen an zu meiner natürlichen Umgebung; sie waren in meiner Familie immer treue und geliebte Hausgenossen. Mein Vater besaß den Rauhhaardackel „Strickerl", meine Mutter hatte einen Kurzhaardackel namens „Tommy".
Später dann gab es immer Spaniels, die alle den namen „Purzl" trugen. Einer von ihnen entwickelte sich zu einem richtigen Haustyrannen: Er hatte den Platz unter meinem Bett zu seiner Schlafstätte auserkoren und verteidigte diesen nicht nur mit lautem Gebell, sondern schnappte auch nach allem, was in seine Nähe kam. Das machte das Zubettgehen für mich zu einer richtigen Turnübung! Nur mit einem Hechtsprung aus immer größerer Entfernung gelangte ich abends in mein Bett. In der Früh mußte ich – wie Sie sich sicher gut vorstellen können – meist unter Zeitdruck die umgekehrte Prozedur vornehmen! Später dehnte der Hund sein Territorium auch auf das Schlafzimmer meines Vaters aus, dem es von nun an nicht besser erging als mir...
Wenn Sie meine Bilder kennen, werden Sie vielleicht auch wissen, daß ich Schildkröten mag. Das wußte auch Frau Kernstock, die „Storchenmutter" aus dem Burgenland. Sie erzählte mir von zwei wunderschönen Schildkröten, die sie von einer 94jährigen Dame zur Pflege übernommen hatte. Diese Dame hatte die Tiere schon als 4jähriges Mädchen geschenkt bekommen!
Eines der beiden Tiere war bissig und mußte von dem anderen ferngehalten werden. Ich holte mir natürlich sofort beide Schildkröten, da ich schon mehrere hatte. Leider starb die eine schon bald nach dem Umzug, die bissige aber lebt heute noch in meinem Terrarium.
Zu dieser Zeit brachte meine Tochter einen großen Sack voller Aufkleber mit einer Wahlwerbung für Bundespräsident Dr. Kirchschläger. Diese „Pickerln" hatten genau die Größe eines Segmentes am Rückenpanzer der Schildkröten – also nahm ich eines der Pickerln und kennzeichnete die bissige. Sie ist übrigens männlich, also blieb ihr der Name „Kirchschläger".
Kurz danach besuchte mich ein Reporter einer großen österreichischen Tageszeitung, um mich zu interviewen. Er fand sofort Gefallen an der Schildkröte mit dem Namen „Kirchschläger", daher schrieb er mit großen Lettern folgenden Titel über die Reportage:
„KIRCHSCHLÄGER IST DER BISSIGSTE!" – und klein darunter: „meint Günther Frank".
Die Aufregung unter den Lesern war groß, Bundespräsident Dr. Rudolf Kirchschläger aber lachte, als er davon erfuhr.
Manche mögen´s scharf: Andere haben einen scharfen Hund – ich habe eben eine „scharfe" Schildkröte!
„Mein" Kirchschläger ist derzeit nachweislich 110 Jahre alt und trotz seines Alters noch immer sehr angriffslustig. Er beißt meine Hunde in die Waden und stößt die anderen Schildkröten mit seinem Panzer – aber er liebt die Menschen! Mir läuft er wie ein treuer Hund nach – und frißt sogar aus der Hand.

Foto: Hanni

Gratulation eines Bundespräsidenten in der Theatergarderobe (1975)

„...Ich liebe Dich, Du Krot!" (Chinesische Tusche, 1978)

Jedem sein Wertesystem

So ist immer Natur um mich, und ich schätze das fröhliche Chaos, das die lieben Tiere mitunter erzeugen.

Wir Menschen neigen ja dazu, alles in strenge Systeme zu pressen, alles erklärbar und nachvollziehbar zu machen. Ich persönlich bin gegen solche Maßstäbe und Skalen, denn sie schaffen meist – bewußt oder unbewußt – ein Wertesystem, das unweigerlich in „gut" und „schlecht", in „richtig" und „falsch" mündet. Wenn ich zum Beispiel meine Bilder male, lasse ich sie mir nicht in einen Käfig von Maßstäben einsperren. Das Schöpferische am Bild besteht darin, daß es sich selbst Maßstäbe schafft – jedes Bild für sich, immer wieder neu. Wer kann schon sagen, ob ein Bild „gut" oder „schlecht" ist? In der Kunst ist doch das Schlechte nicht das Gegenteil des Guten, sondern viel eher ist die bloße Nachahmung des Guten schlecht!

Als Maler muß man stets bis in das Innerste seiner Natur eindringen; deshalb gibt es für mich auch keine Richtung, sondern nur – Ehrlichkeit.

Das Einteilen in Kategorien überlasse ich lieber anderen. Dies ist auch ein Grundprinzip in der von mir vor vielen Jahren gegründeten internationalen Künstlergruppe „Die Spirale". Toleranz gegenüber den Mitmenschen und ihrer Arbeit ist uns oberstes Gebot.

Am Anfang war der Paprika

Da die Natur nicht nur gescheiter ist als der Mensch, sondern auch wesentlich vielfältiger, tun wir uns schwer, unsere Paprika in ein hundertprozentig gültiges Schema zu pressen. Das haben schon viele versucht – und dementsprechend verwirrend ist das Durcheinander an wissenschaftlichen Namensgebungen, an Unterscheidungen und Kategorien.

Ich will Sie nicht mit Schlauheiten aus dem Lexikon langweilen; sicher finden Sie bei Bedarf im Fachbuchhandel die tollsten Bände über Botanik und Gewürze, die Ihnen genau erklären, warum ich nicht recht habe. Ich bin aber trotzdem ein Anhänger der sogenannten „Verwendungstheorie". Ein herrliches Wort, und dieser etwas hilflose und wissenschaftlich vermutlich nicht haltbare Ansatz macht es sich leicht: Er teilt die Paprikasorten einfach nach ihrer Verwendung in Gemüsepaprika und Gewürzpaprika ein. Das gefällt mir und ergibt Sinn.

Unter Gemüsepaprika , englisch „sweet peppers", versteht man schärfefreie, süße Paprika, meistens von großer Frucht und dickwandig. Die Gewürzpaprika hören auch auf den Namen „hot peppers" oder „Chilis". Sie werden hauptsächlich zum Würzen verwendet, sind mehr oder weniger scharf und vor allem kleiner und dünnwandiger als der Gemüsebruder. Jetzt werden Sie vielleicht sagen: „S´is alles net wahr" – frei nach Nestroy – denn in den südlichen Ländern werden auch große, scharfe Paprika als Gemüse verspeist. Sie haben natürlich recht, und in Ungarn gilt überhaupt jeder Paprika als Gewürz. Andererseits heißen in Indien alle paprika-artigen Früchte einfach nur Chili.

Foto: Arthur Grimm

Szenenprobe mit Heinz Erhardt in Berlin (1969)

Sehen Sie, hier zeigt sich eben die Unzulänglichkeit der menschlichen Einteilungssucht. Meine Chilis sind für mich Gewürzpaprika und gehören zur Familie der Capsicum-Arten. Alles klar?

Capsicum:

Ein lateinischer Name für eine latein-amerikanische Familiensaga.
Eine kleine, wildwachsende und relativ unscheinbare Frucht gilt als der Urvater unserer Chilis: capsicum annuum var. aviculare. Ein beeindruckender Name, dessen sich die arme Frucht zum Zeitpunkt ihrer Entdeckung vermutlich nicht bewußt war.
Capsicum annuum war zu jener Zeit, als Christoph Columbus „irrtümlich" Amerika entdeckte – also am Ende des 15. Jahrhunderts – die am weitesten verbreitete Art aller Chilis; das hat sich bis heute nicht geändert. Ich möchte Sie nicht mit den herrlichen wissenschaftlichen Analysen quälen, die nachweisen, wie es von dieser Wildform bis zum heutigen Chili gekommen ist. Wenn Sie Latein lieben, dann merken Sie sich einfach capsicum annuum; damit können Sie in Ihrem Freundeskreis sicher auftrumpfen, wie es ich auch ab und zu mache – lernte ich doch immerhin 6 Jahre Latein in der Schule! Ich muß aber gestehen, daß ich nie wirklich ein guter Lateiner war. Dafür aber haben wir jetzt das richtige Stichwort: Auf nach Lateinamerika!
Die meisten der wunderbaren Gebiete, aus denen die Vorfahren meiner Chilis stammen, habe ich schon mit eigenen Augen gesehen: Mexico, Ecuador, Costa Rica, Peru, Brasilien, Chile... aber schauen wir uns einmal an, wie alles begonnen hat.

Ein Weltstar namens Chili

Chili – der ideale Künstlername für einen Star, der auf der ganzen Welt beliebt ist und der schon vor ziemlich genau 500 Jahren begonnen hat, von Mittel- und Südamerika aus auf Welttournee zu gehen.
Namenspatron war ein aztekischer Indianderstamm, dem seltsamerweise weder „capsicum" noch „Paprika" geläufig war. Er benannte diese Pflanze in seiner grenzenlosen Unwissenheit ganz einfach nach ihrer natürlichen Farbe – rot. Daß „chil" das Wort für rot war, hat seinen Namen „Chili" besiegelt – und Rot ist das Signal für diese Pflanze geblieben! Die moderne Farbpsychologie hat zum Thema „Rot" ja eine ganze Menge zu sagen: Rot wird in der Werbung und in der Wirtschaft heute sehr bewußt eingesetzt. Man folgt damit uralten Gesetzmäßigkeiten der Natur, die wir uns – wie so vieles – zu eigen machen und für unsere Zwecke gebrauchen, manchmal leider aber auch mißbrauchen.

Exkurs: Eine wissenschaftliche Rotmalerei

Rot – so wissen die Farbpsychologen – wirkt aktivierend auf den Körper. Blutdruck und Pulsfrequenz erhöhen sich, die Farbe wird einerseits als anregend, dynamisch und gefährlich erlebt, andererseits als aktiv, sympathisch, warm und gesund. Mit Rot assoziiert man nicht

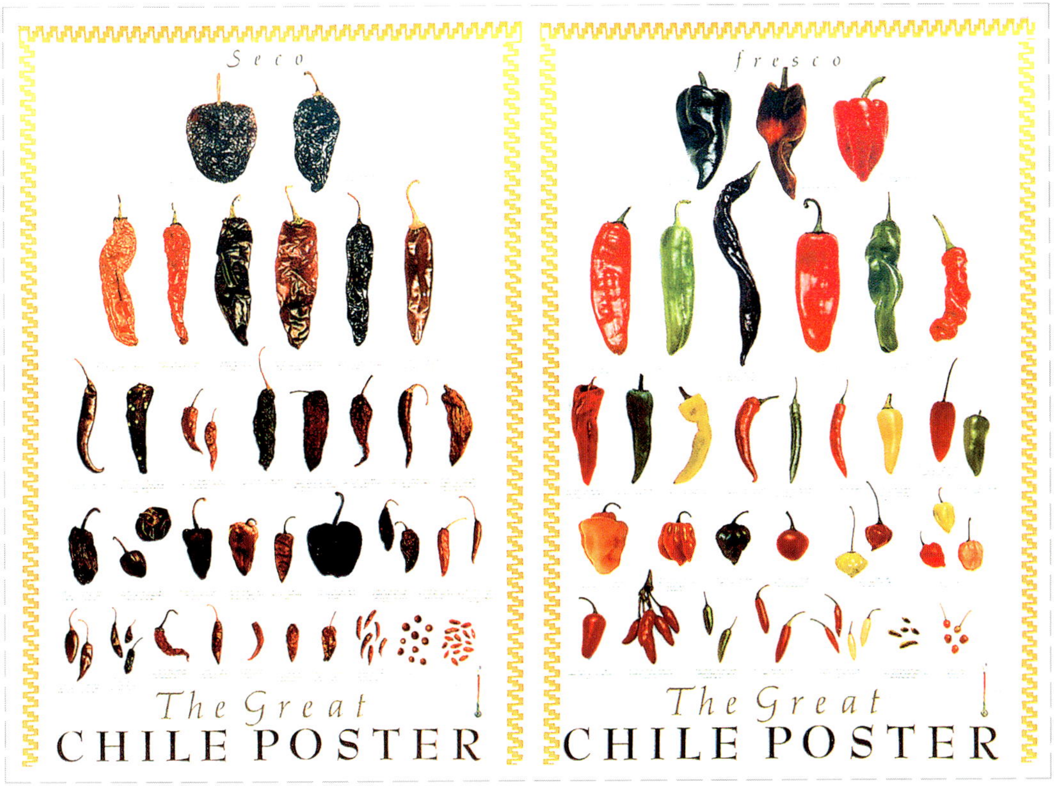
Seco
The Great
CHILE POSTER
fresco
The Great
CHILE POSTER

nur das Feuer, sondern auch unseren Lebenssaft – das Blut.
Haben Sie gewußt, daß Werbung in charakteristischen Farben bis zu 200mal schneller erkannt wird als Werbung, die sich nicht gezielt der Farben bedient? Oder daß Kommunikation in Farbe 80% mehr Leser und einen um 78% höheren Erinnerungswert bringt?
Das alles klingt ja schon recht beeindruckend, aber so richtig interessant wird es erst jetzt.
Die Forschung hat herausgefunden, daß Menschen, die für ihre Vorträge farbige Unterlagen verwenden, als kompetenter und intelligenter erlebt werden als jene, die nur schwarz-weiß-Vorträge halten. Mir wird schwindlig, wenn ich daran denke, wie unintelligent wir vor der Erfindung der Farbkopie doch dagestanden haben müssen! Genau aus diesem Grunde ist mein Buch auch in Farbe. Denn so kann ich mir doch ganz sicher sein, um 80% mehr Leser zu haben und von Ihnen als kompetent angesehen zu werden – oder?
Übrigens: Rot ist die Liebe, und Rot heißt auch Risiko; ist das nicht eine interessante Parallele? Zahlreiche Untersuchungen haben gezeigt, daß ein rotes Auto scheinbar schneller fährt als ein andersfarbiges; sie haben aber auch bewiesen, daß Kinder, die häufig mit roten Bausteinen spielen, zu Nervosität und Aggressivität neigen.
Und wie ist das bei den Erwachsenen? Die spielen ja nicht mehr mit Bausteinen, aber wenn sie die Farbe Rot bevorzugen, sind sie eher bereit, Risken einzugehen. Deshalb sind wohl auch manche Casinos oder Spielhallen in Rot gehalten, von einschlägigen Etablissements ganz zu schweigen.
Zu Casinos habe ich übrigens eine spezielle Beziehung. Drinnen war ich schon oft, und zwar im Rahmen von etlichen Auftritten. Ich habe Shows conferiert und gesungen – aber als Spieler hatte ich nur einmal die Ehre.
Das war vor 35 Jahren, 1960 in Gastein. Ich setzte mich nach einer Vorstellung vor einen dieser einarmigen Banditen – ein Name, der vollkommen zu recht besteht. Was soll ich Ihnen sagen, ich verspielte meine gesamte Gage. Gus Backus – genau, der mit den „Bohnen in die Ohren" – begleitete mich, und nachdem ich resigniert hatte, passierte es.
Er nahm eine einzige 10-Schilling-Münze und warf sie ein. Ob Sie es glauben oder nicht: Er hat vor meinen Augen den Jackpot gemacht! Das Schlimmste daran aber für mich war, daß er damals meine gesamte Gage nach Hause getragen hat und noch viel mehr Geld dazu.
Daher beendete ich meine Spielerkarriere genauso rasch, wie ich sie begonnen hatte.
Zurück zur Farbe Rot. Vom maltechnischen Standpunkt aus ist Rot eine warme Farbe, gemeinsam mit Braun die warme Farbe schlechthin. Viele setzen Rot ein, um aufzufallen; am besten zeigt sich das beim Auto, denn immerhin ist jedes dritte Fahrzeug rot lackiert...
Jetzt wissen Sie schon eine ganze Menge über Rot – also kehren wir zu einer der rötesten aller Früchte zurück: zum Chili!

Mein „Chili" und ich

Willkommen in Europa

In der indianischen Welt, vor der Entdeckung durch Kolumbus, war die Farbe Rot das Symbol für das Leben mit seiner Lust und seiner Qual. Die Paprikafrucht gehörte zum Adlergott, einem der großen magischen Symbole. Der Chili wanderte in Form von Samen über Havanna nach Spanien, von wo aus er Europa erobert hat. Die roten Früchte wurden in Europa auch „indianischer Pfeffer" oder „spanischer Pfeffer" genannt, eine Verwechslung, die unserem Chili bis heute nachhängt, denn die echten Pfefferkörner kamen aus Asien. Ende des 16. Jahrhunderts entstanden sogar große Anpflanzungen in Böhmen, aber seine neue Heimat fand der Paprika in Ungarn. In der ungarischen Küche gelten Paprikapulver und Paprikaschoten als typische Zutaten.
Heute werden auf der ganzen Welt fünf Capsicum-Arten kultiviert, die sich – abgesehen von ihrem lateinischen Namen – hauptsächlich durch ihre Blüten unterscheiden.
Wenn wir im Handel Paprika kaufen, dann gehören diese mit ziemlicher Wahrscheinlichkeit zur Gattung capsicum annuum. Diese wird weltweit am häufigsten kultiviert, hat helle Samen und ein festes Fruchtfleisch. Andere Arten wie capsicum frutescens oder capsicum chinense (auch hier ein irreführender Name, denn diese Frucht stammt aus Südamerika) sind wesentlich schärfer und werden in unseren Regionen so gut wie nicht angebaut.
Bei den meisten Arten sind die Früchte zunächst grün und werden im reifen Zustand gelb und rot, manchmal auch orange, lila, braun oder gar schwarz.

Farbenfreude, Farbenfreunde

Wenn Sie jetzt glauben, daß intensives Rot auch intensive Schärfe bedeutet, muß ich Sie leider enttäuschen. Denn der schärfste Chili ist der grüne! Trotzdem ist für mich das feurige Orangerot **die** typische Chili-Farbe schlechthin. Und zu dieser Farbleidenschaft gibt es auch eine kleine Episode.
Ich fahre gern Auto – und ich fahre noch lieber schnelle Autos! Seit kurzem bin ich Eigentümer eines chili-orangefarbenen Audi S6 – 32 Ventile, Achtzylinder, 4,2 Liter – und ich nenne mein Auto auch „Chili". Wie sonst?
Wenig Glück mit Fahrzeugen hatte ich in den Anfängen meiner motorisierten Zeit. Eine amüsante Episode aus dem Jahre 1959 ist mir noch in bester Erinnerung: Wir drehten damals meinen bereits erwähnten ersten Film „Mein Schatz, komm´ mit ans blaue Meer". Einer der Drehorte war der Comosee, und für diverse Filmszenen wurde uns ein Messerschmitt-Kabinenroller zur Verfügung gestellt. Oberstes Gebot war es, auf diesen Dreiradroller mit Dach gut aufzupassen. Ich hatte damals ein kleines Abenteuer mit einem Ballettmädchen, das ich natürlich beeindruk-

Nicht von mir gemalt – trotzdem gut

ken wollte. Also fuhr ich mit dem „heiligen" Gefährt nach unseren Dreharbeiten zum Rendezvous, rutschte jedoch in einer Kurve von der Straße ab und landete im Graben! Meine Aufregung, vor allem aber das schlechte Gewissen, war groß. Mir war zum Glück nichts passiert – die zu erreichenden Geschwindigkeiten waren ja wirklich harmlos – aber das Gefährt hatte einen kräftigen „Depscher" abbekommen. Das Filmteam war natürlich stinksauer auf mich, denn ab sofort mußte jede Kameraeinstellung so erfolgen, daß man die Delle nicht sehen konnte!

Dieser Vorfall konnte mich aber trotzdem nicht davon abhalten, auch in Salzburg – wo wir weiterdrehten – mit dem Roller herumzufahren. Ich war zwar vorsichtiger geworden, was das Fahrverhalten betraf, aber beim Parken blieb ich unbekümmert. Prompt wurde der Roller von einem Polizisten aufgeschrieben, doch die Anzeige konnte nicht erstattet werden. Das KFZ-Kennzeichen war nämlich von einem Requisiteur unseres Filmteams aus Pappendeckel unter Verwendung einer erfundenen Nummer hergestellt worden!

So sorgte ich damals mit Freude für so manche Verwirrung, und vielleicht ist der Akt dieser Anzeige noch immer in einem Polizeiarchiv als unerledigt abgelegt...

Immer wieder Farbe bekennen

Zurück zu den Farben. Zu ihnen habe ich immer schon eine ganz besondere Beziehung gehabt.

Eine Zeitlang stellte ich mir selbst eine faszinierende Aufgabe, indem ich versuchte, Töne in Farben umzusetzen. Als musikalischer Mensch hat mir das eine ganz besondere Freude gemacht, und ich habe mir damals eine eigene Farbskala erstellt: Molltöne als warme Farben, Durtöne aber als kalte Farbtöne, wie etwa Blau, giftiges Grün, schrilles Lila oder eisiges Zitronengelb. Warme Farbtöne sind dagegen zum Beispiel Rot, Orange, Dottergelb und jede Schattierung von Braun.

Bin ich ein abstrakter Maler? In meinen Augen gibt es einen solchen nicht, denn abstrakt kann nur ein Begriff sein. Bedenken Sie, daß es jede Form bereits irgendwo in der Natur gibt.

Die Vielfalt der Formen zeigt sich schon mit bloßem Auge, und unter dem Mikroskop erweitert sich das Spektrum um ungezählte Möglichkeiten. Die Natur ist unüberbietbar und phantasievoller als jeglicher menschliche Geist. Der Maler kann nur versuchen, die Natur zu verschönen, ohne ihr Wesen zu verändern.

Was wir sogenannte „abstrakte" Maler tun können, ist nichts anderes, als bestehende Formen in einen anderen Zusammenhang zu bringen, sie dem Bildgehalt und der Komposition entsprechend zu reihen, wobei absichtlich Spannungsfelder mit Plus- und Minuspolen entstehen. Das habe ich auch bei Ausstellungen von Kyoto bis zur Art Expo New York dokumentiert.

Komposition

Peinlich, peinlich: Rote Farbe im Gesicht

Für Farbe im Gesicht sorgen jedenfalls ganz andere Faktoren: peinliche Situationen zum Beispiel. Und deren gibt es genug im Leben eines Künstlers. An einige erinnere ich mich noch sehr gut...

So gastierte ich einmal im Rahmen meiner verschiedenen Operettentourneen mit der Buffo-Partie des „Iwan" im „Zarewitsch" in Köln. In den „Sartori-Sälen" befand sich die Garderobe im 2. oder 3. Stock über der Bühne – daher überhörte ich das Läuten, das den Spielbeginn signalisiert. Nun beginnt der 1. Akt des Zarewitsch damit, daß hinter der Bühne der Kosakenchor singt, den allerersten Auftritt auf der Bühne aber der Iwan hat; er muß tänzelnd und singend auf die Bühne treten.

Der Inspizient rief: „Günther, Günther! Der Chor singt schon zum dritten Mal die gleiche Strophe, du mußt doch längst auftreten!" Ich raste also die Stufen hinunter, kleidete mich im Laufen noch fertig an – und raus auf die Bühne! Während ich aber, einen Samowar in den Händen, quer über die Bühne tänzelte, bemerkte ich, daß sich meine Tscherkessenhose löste und langsam zu den Knien hinunter rutschte. Sie werden zugeben müssen, daß der Gedanke, in Unterhosen vor dem Publikum zu stehen, nicht sehr angenehm ist...

Also stellte ich den Samowar ab, unterbrach meinen Text, zog die Hose hoch und sagte laut: „Russisches Patent!" So war die Situation gerettet und ich hatte gleich meinen ersten Applaus.

Ein anderes Mal war ich mit „Boeing-Boeing" in der Schweiz auf Tournee. Ich spielte die Rolle des Bernard, eines Architekten, der gleichzeitig drei Stewardessen als Freundinnen hat. Im Verlauf des Stückes kommt es, bedingt durch den Einzug der Technik, zu Flugplanänderungen und damit zu Tumulten und unvorhersehbaren Peinlichkeiten.

In der Pause sollte ich meine Kleidung wechseln, war schon aus meinem Kostüm geschlüpft und trug nur noch das Notwendigste: Schuhe, Strümpfe, Sockenhalter, Unterhose und Unterleibchen. Ich fragte einen Kollegen nach dem Weg zur Toilette, und er meinte, die zweite Türe rechts wäre die richtige. Pfeifend ging ich hinaus, öffnete die bezeichnete Türe und ließ sie hinter mir ins Schloß fallen. Auf einmal stand ich auf dem Balkon, mitten unter dem Publikum!

Halbnackt, wie ich war, versuchte ich verzweifelt, die Türe wieder zu öffnen – aber das war nicht möglich, denn die Theaterbesucher sollten ja nicht zu den Garderoben gelangen können! So mußte ich also, begleitet vom lachenden Publikum, durch die Reihen wandern, am Buffet vorbei in das untere Stockwerk, durch das Hauptfoyer hinaus, von außen um das Theater herum und dann zum Bühneneingang! Zu allem Überfluß war auch noch Winter und es lag Schnee.

Als ich meinen ersten Auftritt nach der Pause hatte, empfing mich frenetischer Applaus. Ich wußte: Dieser Applaus galt leider nicht mir, sondern vielmehr meiner Unterhose!

Foto: Victor Mory

Mit Nadja Tiller in den Hauptrollen des Musicals „Lady in the dark"
(Raimundtheater Wien, 1982)

Kennen Sie die Operette „Schwarzwaldmädel"? Darin kommt ein Duett von zwei Freunden vor, Tenor und Buffo. Ich war gerade mit dieser Operette auf Tournee in Deutschland, und alle Vorstellungen waren ausverkauft. Wir hatten schon an die vierzig Abende hinter uns, als plötzlich der Tenor erkrankte und nicht mehr auftreten konnte. Im Sinne von „The show must go on!" sollte daher ich die Rolle des Tenors übernehmen, und der Solotänzer freute sich, daß er als Buffo auftreten durfte. Meine Stimmlage ist allerdings tiefer; die Melodien mußten daher über Nacht transponiert werden, damit sie für mich einigermaßen singbar waren.
So kam es zum ersten gemeinsamen Auftritt. Sicherheitshalber sollte die Souffleuse in ihrem Souffleurkasten sitzen, um uns, wenn nötig, mit dem richtigen Text weiterzuhelfen. Der Vorhang ging auf – allerdings nicht, wie üblich, zur Seite, sondern nach oben. Dabei blieb irrtümlich der Souffleurkasten hängen und wurde mit hochgezogen.
Zum Vorschein kam eine wahre Idylle: Die Souffleuse saß da, Rücken zum Publikum, mit Lockenwicklern in den blonden Haaren, umgeben von Thermoskanne, Butterbroten und Textbuch. Sie sah zur Bühne und merkte daher nicht, daß der Kasten weg war! Wir konnten vor Lachen einfach nicht singen, die Souffleuse forderte uns aber vernehmlich dazu auf, worauf wir noch lauter lachten. Da erst bemerkte sie den über ihr baumelnden Souffleurkasten, raffte ihre Siebensachen hastig an sich und verschwand mit einem Schrei in der Tiefe. Der Vorhang fiel, alles wurde wieder in Ordnung gebracht – und unter tosendem Applaus konnten wir noch einmal beginnen.
Solche Vorfälle bringen Farbe ins Leben, und man erinnert sich doch immer wieder gerne daran! Kehren wir aber nun von den Farben zu meinen Chilis zurück.

Foto: Victor Mory

In der Kálmàn-Operette „Der Teufelsreiter" mit Dolly Schmidinger – die übrigens immer für Überraschungen gut war! (1984)

Ein Amerikaner in Europa

Der Chili – und somit der Paprika – ist eine weitgereiste, tropische Pflanze. Nachdem wir ihn nach Europa verpflanzt haben, müssen wir ihm hier den Aufenthalt so angenehm wie möglich gestalten. Dazu gehören warme Temperaturen, eine ordentliche Wasserversorgung und viel Licht: Alles Dinge, die auch ich sehr schätze.

Der Paprika ist in Europa längst heimisch geworden – während ich rund um die Erdkugel unterwegs bin, um seinen Spuren zu folgen. So ein Paprika hat es ja leicht: lange Trockenperioden oder Nässestaus gibt es in den (künstlichen) europäischen Pflanzungen für ihn nicht. Er muß also nur mehr prächtig gedeihen, was er dank modernster Gewächshäuser – wie etwa in Holland – auch tut. Wenn unsereins eine Reise tut, wird er selten so liebevoll umsorgt...

Und wenn wir schon von Amerika als der Heimat der Chilis sprechen: Auch in den heutigen USA gibt es Chili-Anbaugebiete! In Louisiana wird ein Chili mit dem Namen capsicum frutescens angebaut, der deshalb in aller Welt bekannt ist, weil aus ihm die „salsa tabasco", die Tabascosauce, hergestellt wird. Mehr dazu im Rezeptteil – nur soviel vorweg: Dieser „chile tabasco" ist etwa 2-4 cm lang, leuchtend rot und wird seit dem Anfang des 19. Jahrhunderts in den großen Plantagen Louisianas kultiviert. Da man für diese Chiliart keinen Namen hatte, erhielt sie – weil es logisch schien – einfach den Namen der Sauce! Nomen est omen? Mit den Namen ist es halt immer so eine Sache. Unser guter Chili läuft ja, wie Sie bisher schon gehört haben, unter den verschiedensten Bezeichnungen. Selbst die Schreibweise ist nicht einheitlich: von chili, Chile bis zu Chillie gibt es die verschiedensten Variationen. Ich habe mich aber mit meinen Freunden auf die Variante **Chili** geeinigt, weil dies doch die gängigste Schreibweise sein dürfte.

Dabei ist es sogar mit meinem eigenen Namen nicht so einfach! Sie kennen mich als Günther Frank. Das ist aber – wie Sie jetzt sicher sofort vermutet haben – nicht mein eigentlicher Name!

In meinem Geburtsschein steht Günther Rudolf Clemens Schmidek.

Geboren wurde ich am 16. September 1936 in Wien. Eigentlich müßte statt Wien „Gänserndorf" stehen (wo sich mein Elternhaus befand), aber dort gab es kein Krankenhaus. Also hat man meine Mutter rasch zur Entbindung nach Wien gebracht, und dann ging´s gleich wieder zurück nach Gänserndorf. So kommt es auch, daß ich je nach Gelegenheit oder auch Laune der Chronisten einmal als Wiener und einmal als Niederösterreicher angeführt werde.

Foto: Hans Grimm

Jazz (1972)

Günther, Rudolf, Clemens – drei herrliche Namen, finden Sie nicht auch?
Günther setzt sich aus dem althochdeutschen gund (Kampf) und heri (Krieger, Heer) zusammen, wahrlich imponierend! Den Rudolf verdanke ich meinem Großvater mütterlicherseits, auch dieser Name steht für einen ruhmreichen Krieger. Na bitte! Clemens Schmidek war mein Taufpate; er war der Bruder meines Großvaters und arbeitete als Operndirektor und Regisseur im Elsaß sowie als Opernsänger unter anderem unter Cosima Wagner in Bayreuth. Daß Clemens „der Milde, der Gnädige" bedeutet, ist mir durchaus recht.
So wuchs ich also als Günther Rudolf Clemens Schmidek auf und dachte mir nicht viel dabei. Mein Glaube an die ewige Gültigkeit eines Geburtnamens wurde aber gewaltig erschüttert, als ich begann, meinen ersten Hit aufzunehmen. Und das kam so:
1958 war München die Metropole schlechthin, vor allem für einen jungen österreichischen Künstler. Das Schwabinger Künstlerviertel genoß Weltruf, und in Ermangelung einer echten Hauptstadt – Berlin hatte ja sein tragisches Schicksal zu verdauen – entwickelte sich in München eine gewaltige Kunstszene. In Wien war damals – bis auf wenige Ausnahmen – nichts los; in München hingegen fand das deutsche Wirtschaftswunder direkt vor unseren Augen statt. Die Bavaria Film drehte ihre großen Revuefilme, Ausstellungen berühmter Maler waren an der Tagesordnung – ich reiste per Autostop zur Picasso Exhibition dorthin – und auch die interessanten Schallplattenstudios waren in Deutschlands heimlicher Hauptstadt vertreten.
Sowohl Wien als auch München haben sich in den letzten 15 Jahren stark verändert. Was München verlorengegangen ist, hat Wien auf eindrucksvolle Art aufgeholt, und es ist eine Freude, wie diese Stadt heute lebt, wie sie sich gibt und sich bewegt!
Aber zurück in´s München der späten 50er. Ich besuchte mit meinen Malerfreunden einen Jazzkeller in Schwabing, sang dort zum Spaß und wurde daraufhin von einem zufällig anwesenden Schallplattenproduzenten zu Plattenaufnahmen eingeladen. Diese Platte mit dem Titel „In San Salvador" kam in die Hände von Gerhard Mendelson, einem der damals wichtigsten Produzenten des deutschsprachigen Raumes. Bei ihm nahm ich das Lied „Oh Annabella" auf – immerhin sang ich damals noch ohne Gesangsausbildung! Die Platte kam aus der Pressung, und ich wunderte mich über den Namen „Günther Frank". Darauf erklärte mir der Produzent, „Schmidek" sei zu lang – schließlich habe er auch die Namen „Ted Herold" und „Gus Backus" erfunden!
Wie es das Schicksal so wollte, wurde „Oh Annabella" überraschenderweise ein Hit, und da ich nun einmal unter dem Namen „Günther Frank" einen beachtlichen Bekanntheitsgrad errungen hatte, blieb ich einfach dabei.
Als 1970 mein Kind auf die Welt kam, haben meine Frau Sonja und ich ein schlaues Buch mit zahlreichen Namen gekauft. Die ursprüngliche Idee, einen Sohn Günther und eine Tochter Sonja zu nennen, hielten wir nicht für krea-

Foto: Gerhard Bartl

Sonja – mein teuerstes Gut

tiv, also strichen wir aus besagtem Buche alle Namen aus, die nicht in Frage kamen. Als wir dann jedoch bei so interessanten Kreationen wie Eukalyptus landeten, kehrten wir wieder reumütig zur ersten Variante zurück.
Es wurde ein Mädchen, und sie heißt Sonja, wie meine Frau. Sie hat sehr erfolgreich Jus studiert und wird wohl als Medienanwalt oder Notar für klare Rechtsverhältnisse sorgen – und ihren Vater honorarfrei betreuen!

Amerika – meine grosse Liebe

Der Tabasco-Chili ist also mittlerweile ein waschechter Amerikaner geworden. Es ist aber nicht nur der Chili, der mich mit den USA verbindet.
Angefangen hat es 1968. Ich besuchte meine Mutter, die in der Florianigasse im 8. Bezirk wohnte. Sie las mir einen Zeitungsartikel vor, in dem berichtet wurde, daß Peter Alexander anläßlich des Wiener Opernballes in New York im Rahmen einer Revue seinen ersten Auftritt in Amerika haben sollte. Die Revue hieß „Ein Abend im Schloß Schönbrunn" und sollte im legendären Hotel Waldorf-Astoria stattfinden, einer Stadt in der Stadt mit 5.000 Hotelzimmern, privater Bahnstation und eigenen Operationssälen.
Wenige Wochen später erhielt ich einen Anruf und wurde gefragt, ob ich nicht in Amerika eine Vorstellung unter dem Titel „Ein Abend im Schloß Schönbrunn" geben möchte. Ich war zwar etwas verwundert ob der scheinbar zufälligen Gleichheit des Revuetitels, sagte aber gerne zu. Kurz darauf erhielt ich per Post den Vertrag, unterschrieb ihn und sandte ihn prompt zurück. Das Ergebnis: Ich war fix engagiert, denn Peter Alexander hatte – aus welchen Gründen auch immer – den Vertrag nicht zur Kenntnis genommen!
Die von mir gesungenen Operettenmelodien kamen beim amerikanischen Publikum bestens an; besonders aber meine englischen Conférencen – schließlich hatte mir Karl Farkas geholfen, die Texte zusammenzustellen! Eine nette Story rundet meine USA-Premiere ab. Nach Ende der Vorstellung ging ich in den Keller des Waldorf, wo ein stilisiertes Heurigenstüberl aufgebaut war. Für Unterhaltung sorgten zwei Musiker, die sich bald als emigrierte Juden aus Wien herausstellten. Aus Jux sang ich einige Wienerlieder mit ihnen und der Akkordeonspieler lud mich danach auf ein Grillhenderl in ein weiteres Lokal ein. Sein Name war Max Hamlisch, und er erzählte mir von seinem Sohn, der in Hollywood lebte und sich dort als Film- und Musicalkomponist versuchte. Am frühen Morgen gab mir Max seine Visitenkarte und die Telefonnummer seines Sohnes, ich solle mich doch bei ihm melden: Marvin Hamlisch ist, wie man heute weiß, der Komponist von „Chorus Line" – und ich Depp habe ihn nie angerufen!
Dieser New Yorker Abend war der Beginn für mehrere Tourneen und Auftritte in den USA. Ich präsentiere diese Österreich-Abende bis auf den heutigen Tag, und es macht mir riesigen Spaß! Mein Programm ist in Amerika ein rein österreichisches, denn Hand auf´s Herz: In den USA Musicals und Jazz zu singen, hieße wohl, Wasser in die Donau zu schütten.

Mexico – ein Land des Chili (1970)

Wenn ich in den USA im Trachtenanzug vor Publikum trete und Wienerlieder zum besten gebe, dann wirke ich auf die amerikanischen Zuseher wahrscheinlich so wie die Darsteller eines afrikanischen Fruchtbarkeitstanzes, wenn sie am Stephansplatz in Wien auftreten. So bin ich musikalischer Botschafter meiner Heimat und unserer Kultur – und das Publikum liebt es. Vergessen wir nicht, daß beinahe die Hälfte aller Amerikaner deutscher Abstammung ist, und daß die deutsche Sprache seinerzeit fast Landessprache geworden wäre! Etliche Jahre durfte ich auch eine erfolgreiche Radioshow gestalten: „Made in Austria" wird in Österreich produziert und jeden Monat als deutschsprachiges Informationsprogramm in den USA, Kanada und Teilen Asiens ausgestrahlt. Mehr als 10 Millionen Hörer lauschen dieser Sendung – ein überwältigendes Gefühl für den Moderator!

Aus dem Chili-Shop in Boston

Die ganze Welt gehört den Chilis!

Über die Unterteilung in Gewürzpaprika und Gemüsepaprika habe ich Ihnen schon berichtet. Der scharfe Gewürzpaprika wird in den südlichen Ländern hauptsächlich für den eigenen Bedarf angebaut. Ungarn und andere südeuropäische Länder bauen Paprika als Sommerkultur an. Er liebt es warm, etwa bei 24°C bis 30°C.
Auch der milde Gemüsepaprika wird als Sommerkultur angebaut – in europäischen Ländern mit sonnigem und warmem Klima. In Mitteleuropa wird er hauptsächlich in Gewächshäusern kultiviert, um ihm die erforderliche Umgebung bieten zu können; er fühlt sich bei Temperaturen von 21°C bis 25°C am wohlsten.
Wenn Sie in unseren Breitegraden zu einem echten Chili kommen wollen, dann ist das gar nicht so einfach. Es gibt vor allem in den größeren Städten einige Spezialgeschäfte; ich persönlich gehe regelmäßig auf den Wiener Naschmarkt, wo man wirklich alles bekommt, was das Chiliherz begehrt. Auch von meinen Reisen bringe ich öfter Chili mit nach Hause: egal, ob es nun Mexico ist, Indonesien oder Malaysia.
Schon mein Vater und mein Onkel haben gerne scharf gegessen, und in unserer Familie wurden die Pfefferoni zu Hause gezüchtet. Da war es doch nur logisch, daß auch ich von Anfang an am liebsten Scharfes zu mir genommen habe!
Heute habe auch ich in meinem Garten Pfefferoni und Chilipflanzen angebaut, die manchmal sogar extrascharfe Schoten tragen; denn die Pfefferoni, die man bei uns zu kaufen bekommt, bringen mich wenig zum Schwitzen. Wenn Sie in meine Küche kommen, werden Sie im Kühlschrank Chili-Saucen im Glas entdecken: Ich habe 10 verschiedene Arten nach Schärfegrad nummeriert, die ich jeweils zur Speise passend verzehre.

Wer mit Chili handelt...

Sie werden die Chilis vielleicht nicht in Ihren Kühlschrank stellen, sondern wohl nur ab und zu frisch kaufen. Weltweit besteht über 90% der Gesamtproduktion an Capsicum-Früchten aus den milden Chilis. 6% entfallen auf den schärfefreien Gemüsepaprika und nur ganze 4% auf die extrem scharfen Schoten. Interessant ist, daß sich die Produktion dieser scharfen Chilis von Süd- und Mittelamerika immer mehr nach Asien und Afrika verlagert hat! Indien, China, Thailand und Pakistan sowie Uganda, Kenia und Nigeria haben hier eine führende Rolle übernommen. Wichtigster Umschlagplatz für Chilis ist Singapur;

Die Erde verglüht – und wir erkalten, lichterloh brennend... (1979)

europäische Chilis kommen hauptsächlich aus Spanien, Holland, Italien, Ungarn und Griechenland; die kleinen grünen und knakkigen Dolma kommen aus der Türkei.
Sie können Ihre scharfen Zutaten auch in anderen Formen erwerben: Chilipulver, Paprikapulver oder Paprikaöl. Im Fachhandel warten Spezialitäten wie getrocknete oder eingelegte Chilis auf ihre Liebhaber. Frisch eingelegte mexikanische Chilis gibt es in Dosen – hier in den Sorten „jalapeno", ein grüner und kegelförmiger Chili, sowie „serrano", ein grüner, langer und schmaler Hochland-Chili.
Bei den mexikanischen Chilis im getrockneten Zustand gibt es etwa den „ancho", einen ausgereiften, hellen Chili. Er ist mild bis mittelscharf und wird vor allem in der mexikanischen Küche häufig verwendet.
Der „árbol" ist ein roter, kleiner Chili, der sehr scharf ist und oft auch als Pulver verwendet wird. Der „cascabal" ist klein und rund, der „chipotte" ist ein im Rauch getrockneter, ausgereifter und dunkelroter Chili.
„Guajillo" steht für einen langen, schmalen, aromatischen und fleischigen Chili mit glatter, dicker Haut; der „morita" ist scharf, klein, rot und ausgereift. Unter „mulato" versteht man einen braunschwarzen, getrockneten Chili mit mildem Geschmack, der „pastilla" ist fast schwarz und wird für Salsa und Mole verwendet.
Zu guter Letzt merken Sie sich noch den „piquin", denn er ist klein und rot – und ganz besonders scharf!

Lateinamerika lebt mit Chili

All diese Chilis sind also mexikanische Gewürzpaprikas. Wenn es sich um asiatische Früchte handelt, spricht man übrigens meistens der Einfachheit halber nur von „Chilis" – ohne Beiname.
Der Chili ist ist ja für Mexico beinahe lebensnotwendig – denn was wäre Mexico ohne seine scharfe Küche? Der feurige Südamerikaner hat den Chili sozusagen in seiner Seele, und ohne ihn wäre das Leben dort beinahe farblos.
In dieser Gegend begegnet uns der Chili in allen Variationen, vor allem auch in Form von Saucen, den berühmt-berüchtigten „salsas". Im Rezeptteil finden Sie ein paar köstliche Anregungen dazu! Schon lange vor der „Entdeckung" Amerikas waren die Chilis aber wichtige Nahrungsmittel und Handelsgut für die Ureinwohner.
Auch ich habe in Lateinamerika die verschiedensten und interessantesten Entdeckungen gemacht, denn Reisen war schon immer wichtiger Bestandteil meines Lebens, beruflich wie privat.
In den 70er Jahren habe ich beträchtliche Zeit auf großen Schiffen verbracht; ich glaube, so an die 20 Seereisen auf diesen schwimmenden Hotels werden es schon gewesen sein, die ich zwischen 1970 und 1978 unternommen habe. Sie brauchen aber nicht zu glauben, daß diese Art von Luxusreisen ein reines Vergnügen für mich war!
Jeder, der schon einmal den „Traumjob" als Animateur in einem Club erleben durfte, weiß,

Foto: Gerhard B. Benesch

Als Student der Akademie der Bildenden Künste (1956)

wovon ich rede. Meine Aufgabe war es, im Auftrag großer deutscher Unternehmen Reisegruppen auf Schiffsreisen als Entertainer, Conférencier und Sänger zu begleiten. Auf diese Weise habe ich die ganze Welt bereist; es gibt wohl kaum einen Fleck auf unserem Globus, den ich noch nicht kenne – sieht man einmal von Extremzielen wie dem Südpol ab. Aber was sollte ich dort schon tun, am Südpol gibt´s ja keine Chilis!

Spaß beiseite, so eine Tätigkeit als Alleinunterhalter ist wirklich Schwerstarbeit. Bedenken Sie einmal, daß man während der ganzen Reise – also vier bis sechs Wochen – Tag und Nacht denselben Personen – etwa 2.000 an der Zahl – auf Gedeih und Verderb ausgeliefert ist. Und allen Recht getan ist eine Kunst, die niemand kann!

Schlimmer noch ist es, daß so mancher Kreuzfahrtteilnehmer glaubt, mit Bezahlung der Reise die Künstler nicht nur für die Abendshow, sondern für den ganzen Tag „gekauft" zu haben. Versetzen Sie sich zum Beispiel in folgende Situation: Wenn Sie frühmorgens Ihre Kabine verlassen, müssen Sie mehrere hundertmal besonders freundlich „Guten Morgen!" wünschen – sonst gelten Sie als arrogant und bekommen am Abend keinen Applaus.

Auch das erforderliche Repertoire muß umfangreich sein und dem Publikum gerecht werden: Die Melodien müssen allseits bekannt sein, dürfen aber nicht mehrmals vorgetragen werden – und wehe, man wiederholt einen Witz! Das müssen Sie nun sechs Wochen durchhalten.

Scharfe Küche, heisse Musik

Trotzdem gelang es mir, auf diesen Seereisen nicht nur seichte Unterhaltung zu präsentieren, sondern mir selbst treu zu bleiben und nebenher meinen kulinarischen Vorlieben zu frönen. An den Tagen auf See mußte ich arbeiten, aber an Landtagen besuchten die Reisegruppen die jeweiligen Sehenswürdigkeiten und wir Künstler hatten frei.

Das bedeutete, daß ich meine Liebe zur scharfen Küche bei meinen privaten Landausflügen ausleben konnte – außerdem gaben wir, ganz nebenbei, auch Österreich-Abende an Land! Auf diese Weise konne ich mir ein zusätzliches Taschengeld verdienen.

Im Rahmen einer jener Seereisen lernte ich in Rio de Janeiro José Meir kennen, der seit vielen Jahren dort lebte und eine Druckerei besaß. Nach unserem Österreich-Abend lud er mich in seine Facienda ein, und wir veranstalteten eine gemeinsame Jam-Session mit Wienerliedern und brasilianischer Musik, die ich so sehr schätze. Im Laufe des feuchtfröhlichen Abends gab er sich als Sepperl Meier aus Graz zu erkennen. Er war vor vielen Jahren emigriert und hatte sein neues Zuhause „Zur immergrünen Steiermark" benannt. So klein ist die Welt!

In Venezuelas Hauptstadt Caracas unterhielt ich mich – in der Warteschlange vor dem Postschalter stehend – auf deutsch mit einem

Am Anfang war der Rock´n Roll (1961)

Schiffspassagier. Plötzlich wurde ich von einem Fremden angesprochen: „Jö, Sie müssen aus Wien kommen! Sagen Sie, leben die Cissy Kraner und der Hugo Wiener noch?“ Wie sich später herausstellte, hatten die beiden – mit denen ich am Kabarett Simpl tätig war – viele Jahre vorher in Caracas bei meinem Gesprächspartner gearbeitet. Die Welt ist eben doch ein Dorf.

So, wie ich Chilis liebe, liebe ich auch die Musik. Und obwohl ich Operette und Wiener Lieder singe, gilt meine große Liebe der Jazzmusik, und hier insbesondere dem Oldtime-Jazz. Swingmusik à la Count Basie oder Woody Herman geht mir ins Blut. Und ich liebe den Gesang von Louis Armstrong, Bing Crosby und Ella Fitzgerald; auch Barbara Streisand schätze ich sehr.

Apropos Ella: Ob Sie es glauben oder nicht, ich bin mit der großen alten Dame des Jazz schon gemeinsam auf der Bühne gestanden! Und das kam so:

Können Sie sich noch an den großartigen, viel zu früh verstorbenen Franz Georg Pressler erinnern, der aufgrund seiner Leibesfülle „Fatty George“ genannt wurde? Ende der 50er Jahre hatte ich das Vergnügen, gemeinsam mit Fatty und seiner Band aufzutreten.

Die Wiener Jazzszene war damals ja recht klein, dafür aber umso eingeschworener und aktiver. 1956 jedenfalls stand ich gerade mit Fatty auf der Bühne des Lokals „Tabarin“ im 1. Wiener Bezirk und sang den St. Louis-Blues. Plötzlich öffnete sich die Türe, und herein kam sie – die große Ella Fitzgerald, direkt von einem Konzert! Natürlich erntete sie anhaltenden, tosenden Applaus. Ich war unheimlich geschmeichelt, denn ich hatte Ella gar nicht bemerkt und dachte, ich hätte gerade gesanglich besonders brilliert. Da stieg sie auf die Bühne und stand plötzlich neben mir. Das war ein Augenblick!

Es wurde kurz ruhig im Raum, und alle schauten. Da griff sie zum Mikrophon – und ich war so sprachlos, daß ich auch gleich meinen Text vergaß.

Was aber dann folgte, werde ich nie vergessen, und ich glaube, das Publikum auch nicht: mein Duett mit Ella! Ich erinnere mich noch so gut daran – und doch sind seit damals bereits 40 Jahre vergangen.

Erst wenige Jahre ist es allerdings her, da wurde eine Pop-Gruppe mit dem Namen „Red Hot Chili Peppers“ gegründet. Der heiße Name konnte mich trotzdem nicht von der Musik dieser Band überzeugen.

Da halte ich es schon lieber mit der Klassik: Mozart und Beethoven, Tschaikowskij, Schubert in seiner Schlichtheit, aber auch Josef Haydn, mit dem ich übrigens entfernt verwandt bin...

Foto: Hehn

Live mit Paul Kuhn beim Fernseh-Swing (1984)

Alles is(s)t Chili

Ich habe Ihnen schon ein bißchen über die Familie der Chilis erzählt; sie ist über die ganze Welt verstreut und hat die interessantesten Verwandten. Ich bin als guter Freund der Familie ständig bemüht, den Kontakt zu halten, daher reise ich viel. Um in die vielen verschiedenen Chiligegenden zu gelangen – ja, dafür muß man schon recht häufig unterwegs sein!

Die scharfen Gerichte dieser Länder genieße ich besonders. An erster Stelle stehen die Küchen Lateinamerikas und der Karibik. Dort werden Chilis natürlich nur frisch verarbeitet, und der Grad der Schärfe wird durch die verwendete Menge bestimmt. Der schärfste Chili überhaupt ist der „chile habanero", was soviel wie „aus Havanna stammend" heißt. Er dürfte also in dieser Gegend heimisch sein, aber so genau weiß man das natürlich nicht. Irgendwann einmal ist diese Chiliart offensichtlich auf Wanderschaft gegangen und landete auf der Halbinsel Yucatan in Mexico. Der durchschnittliche Europäer wird durch den Genuß des habanero einem feuerspeienden Drachen ähnlich; ich als begeisterter Liebhaber kann seiner Schärfe jedoch kaum widerstehen. Auch die schon erwähnten „salsas", die Saucen Mexicos, bestehen zu einem guten Teil aus kleingeschnittenen Chilis.

Wenn Sie spätestens jetzt so richtig Appetit auf frische, scharfe Köstlichkeiten haben, dann blättern Sie doch weiter zum Rezeptteil dieses Buches! Als Gaumenfreude der besonderen Art empfehle ich gerne die „salsa Mexicana". Ich liebe aber alle Köstlichkeiten dieser Länder! In Mexico halte ich mich auch wegen der grandiosen Kultur gerne auf; Mayas, Inkas und Azteken haben mich immer schon fasziniert und zu mehreren gemalten Werken inspiriert. Die Bilder tragen Namen wie zum Beispiel „INKA-GOTT" oder „INKA-IM-ICH". Brasilien ist ein ganz besonderer Leckerbissen. Ich habe dieses riesige Land schon siebenmal bereist. Die landschaftlichen Schönheiten sind beeindruckend – und übrigens auch die weibliche Bevölkerung. Die brasilianischen Frauen sind die schönsten der Welt! Glauben Sie einem alten Frauenkenner... der urteilt scharf!

Aber auch Asien hat viel zu bieten. In China, Malaysia, Pakistan, Sri Lanka, Indonesien, Thailand oder Indien ist der Chili aus der täglichen Nahrung nicht wegzudenken. Die asiatische Küche verwendet zahlreiche Saucen und Gewürzmischungen, die aus Chili zubereitet werden. Wer schon auf Sri Lanka war, hat vielleicht die großen Flächen an Chilifeldern gesehen, die dort mühsam per Hand abgeerntet werden müssen. Auch auf Sri Lanka ißt man sehr scharf, ebenso wie in Indien, wo allerdings vielfältige Curry-Mischungen für die Würze des Lebens sorgen.

Foto: Haslinger

Einmal ohne Chili:
Auf Winzertour mit Dr. Erwin Pröll –
damals noch nicht Landeshauptmann von Niederösterreich (1987)

Curry wird oft pauschal als indisches Gewürz bezeichnet; es handelt sich aber um eine Mischung aus den verschiedensten Gewürzen, wie schwarzer Pfeffer, Anis, Koriander und Kümmel – und natürlich Chilis! In Thailand werden zahlreiche Currypasten verwendet, um dem Kenner zu scharfem Genuß zu verhelfen. Auch Bali ist in dieser Hinsicht erwähnenswert. Mehrfach habe ich es per Motorrad durchquert und etliche Bilder im Künstlerdorf Ubud gemalt: „CANDI BENTAR" (Tor zum Licht) oder „RANGDA" (Die Hexe).

Auch die Küche des mittleren Ostens kennt eine Vielzahl an scharfen Gerichten. Aus Jordanien etwa kommen scharfe Peperoni, die im reifen Zustand herrlich rot sind. Mit dieser Region verbinde ich übrigens eine köstliche Geschichte, die zwar weniger mit dem feurigen Chili, wohl aber mit „Feuerwasser" zu tun hat.

Im Rahmen meiner weltweiten Tourneen wurde ich eines Tages nach Saudi-Arabien eingeladen. Dieses Land ist für einen gelernten Österreicher ein besonders heikles Pflaster, da die Religion der muslimischen Araber für die in unseren Augen schönsten Genüsse wie die Liebe und den Alkohol besonders strenge Vorschriften macht. Daher wurde ich vom österreichischen Botschafter händeringend ersucht, diese beiden Themen bei der Auswahl meines Programmes zu vermeiden.

Wenn man aber länger darüber nachdenkt, kommt man zu dem Schluß, daß genau das Besingen der Liebe und des Weines Hauptthemen vieler unserer Lieder sind! Gleichzeitig wurde mir bestätigt, daß ich seit Menschengedenken – also seit Beginn der Zeitrechnung – der erste Künstler wäre, der im Rahmen von Konzerten in Jiddah und Riad westliche Unterhaltungsmusik vor Botschaftsangehörigen präsentieren dürfe. Sie können sich also vorstellen, wie schwierig es war, ein passendes repräsentatives Gesangsprogramm für diesen Abend zusammenzustellen, was aber erstaunlicherweise doch gelungen ist! Wenn man nur will, geht viel.

Daß aber auch in Saudi-Arabien nicht immer so heiß – oder scharf? – gegessen wie gekocht wird, zeigt eine amüsante Episode, die mir der Botschafter schmunzelnd anvertraute.

Für eine Botschaft war endlich das heißersehnte neue Klavier aus Europa angekommen. Gleichzeitig mit dem Instrument kam aber auch die unmißverständliche Aufforderung: „Bitte das Klavier sofort abholen – es rinnt!" Ein rinnendes Klavier? Keine Frage: Mit dieser unverdächtigen Sendung hätte ganz dezent ein guter Tropfen ins Land gebracht werden sollen.

Womit einmal mehr bewiesen war, daß nicht nur Kinder phantasiebegabte Verbots-Umgeher sein können.

Auch Europa hat Geschmack

Der Name Pepperoni führt uns nach Italien – und ich möchte Sie noch ein bißchen mit Begriffen verwirren. Da Sie so lange durchgehalten haben und noch immer weiterlesen, sind Sie ja auf dem besten Wege, so wie ich ein Chili-Spezialist zu werden, und da muß

Foto: Gerhard Bartl

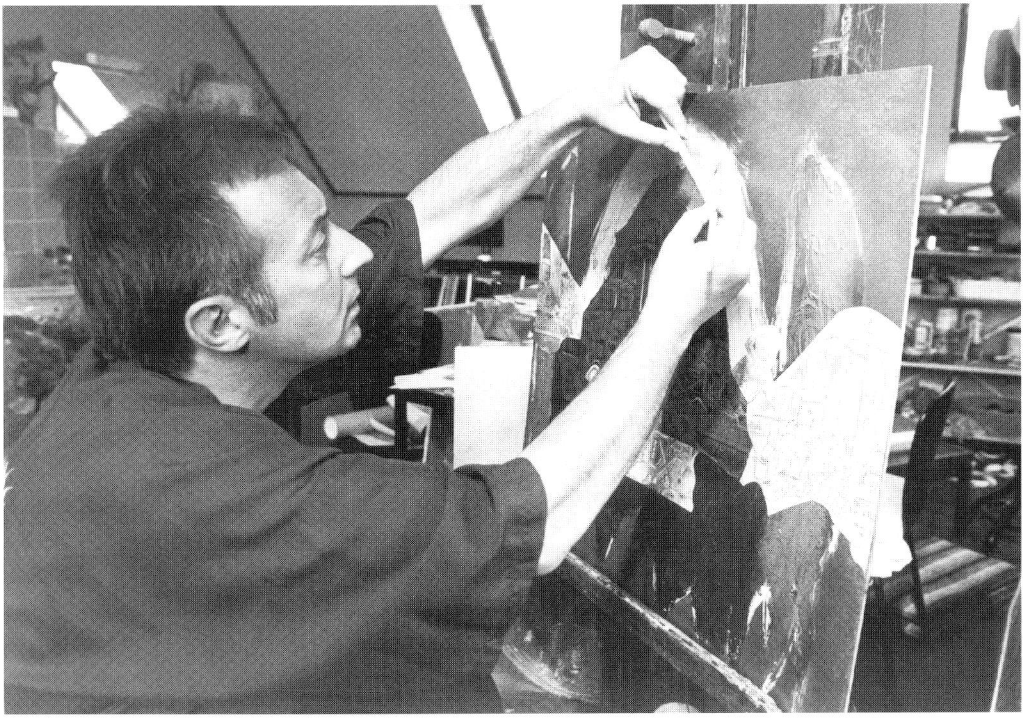

Bei der Arbeit (1985)

man sich auch ein wenig mit der Terminologie auseinandersetzen.
In unseren Breitegraden geistert also der Name „Peperoni" herum. Wer jemals an einem der zahlreichen typischen Wiener Würstelstände einen Pfefferoni gegessen hat, weiß vermutlich, was das ist. Aber so einfach mache ich es Ihnen nicht! Was wir als „peperoni" bezeichnen, ist ein Gewürzpaprika, der aus einem der europäischen Anbauländer stammt. Holland, Spanien und die Türkei sind hier federführend. Einige von ihnen sind wirklich mild und harmlos, sodaß sie problemlos auch als Gemüse gegessen werden können. Sie sind schlanke Früchte, oft dünnwandig und sehr lang.
Auch Italien hat sich einen Namen als Anbauland gemacht. Die grünen, unreifen italienischen peperoni sind bei uns vor allem als Pizza-Belag bekannt. Der Italiener sagt ja zu jedem Gemüsepaprika „peperoni", zu jeder scharfen Schote aber „peperoncini"!
In Spanien finden sich die verschiedensten Schoten, wie zum Beispiel der süße Kirschpaprika („cherry pepper") – und Spanien war das erste europäische Land, das Chili & Co in seine Küche aufnahm.
Wenn wir aber heute von Gewürzpaprika sprechen, dann assoziiert vor allem der Österreicher ein Land damit: Ungarn.
Unsere Chilis fanden dort ideale Bodenverhältnisse vor und ein Klima, das es erlaubt, diese Paprikapflanze großflächig anzubauen. Besonders bekannt ist die Gegend um Szeged – Stichwort: Szegediner Gulasch – mit ihren feurig-roten Feldern, und die Ungarn haben sich um die Zucht und Weiterentwicklung des Anbaus von Paprikapflanzen besondere Verdienste erworben.
Der ungarische Paprika gilt heute eigentlich als Synonym für Paprikapulver; es wird durch das Vermahlen getrockneter roter Gewürzpaprika gewonnen. Auch Griechenland, Bulgarien und die Türkei erzeugen dieses Pulver, ich halte mich aber lieber an die Qualität aus Ungarn.
Somit beende ich unsere gemeinsame Chili-Reise durch Europa. In meiner österreichischen Heimat ist es schon schwieriger, frische Chilis zu bekommen. Wenn ich Österreich bereise, fährt mein Chili daher mit. Ich habe meistens eine kleine Schachtel bei mir, um die heimischen Speisen nach meinem Geschmack zu schärfen. Sie enthält Chilipulver, also einfach zu Pulver gemahlene Chilis.
Auch hier gibt es übrigens eine kleine Sprachverwirrung. „Chilipulver" wird bei uns meistens unter seiner englischen Bezeichnung „chilipowder" angeboten. Dieses Pulver besteht aber nicht nur aus gemahlenen Chilis, sondern aus einer Mischung verschiedener Gewürze wie Nelken, Oregano oder Koriander. Das eigentliche Chilipulver heißt bei uns kurioserweise ganz anders, nämlich „Cayennepfeffer".
Kurios ist das deshalb, weil dieses Pulver weder etwas mit den Cayenneindianern noch mit Pfeffer zu tun hat. Chilis sind Nachtschattengewächse und mit den Pfeffergewächsen nicht einmal botanisch verwandt!

Foto: Gerhard Bartl

Wer gern scharf ißt, auch gern scharf schießt!

Zum Fressen gerne

Auch aufgrund dieser Verwirrungen ist es für einen Scharf-Genießer wie mich am besten, sein Pulver persönlich zu mahlen. Das hat den Vorteil, daß ich die Schärfe selbst bestimmen kann!

Ich esse alles, was scharf ist – natürlich nicht ausschließlich, denn bei einem Wiener Schnitzel mit Mayonnaisesalat oder bei gebackener Leber werde ich auch regelmäßig schwach. Vielleicht vorher noch eine Fritattensuppe mit so vielen Fritatten, daß der Löffel darin steckenbleibt! Der urigen heimischen Kost gilt meine Liebe, und da ich besonders gerne ins Waldviertel fahre, gibt es dort für mich auch viel zu genießen.

Ich liebe die Kargheit dieser Landschaft und das Geheimnisvolle, das sie umgibt. Die Kälte, der kurze Sommer und der rauhe Winter – das alles macht seinen eigenen Reiz aus, besonders in der Gegend um Zwettl. Schon als Bub bin ich immer in diese Gegend gefahren, habe dort zahlreiche Urlaube verbracht und auch manchmal schwarz gefischt, wofür dann mein geplagter Vater Strafe zahlen mußte.

Mit dem Waldviertel verbinde ich auch eine nette Geschichte über meine sieben Jahre jüngere Schwester Lotte, die sich mir gegenüber immer ein wenig zurückgesetzt fühlte. Wir fuhren im Sommer regelmäßig in das Waldviertler Dorf Schickenhof bei Zwettl. Dort fischte ich – siehe oben – nur mit einer kurzen Lederhose bekleidet, mit einer Weidenrute und einer Reepschnur als Angel sowie einem rostigen Nagel bewaffnet, die größten Hechte aus den Teichen. Wohlausgestattete Angler hatten mit mir verständlicherweise überhaupt keine Freude...

Daß ich bei dieser Art des Angelns manchmal ins Wasser fiel, war praktisch unvermeidlich. Die nasse Lederhose rieb dann auf dem Heimweg die zarte Haut meines jugendlichen Hinterteils auf, und es entstand ein fürchterlich schmerzender, sogenannter „Wolf".

Da ich von meiner Umgebung gebührend bemitleidet wurde, wollte meine kleine Schwester dem nicht nachstehen und behauptete lauthals: „Ich hab' sogar einen Gorilla in der Hose und der Günther nur einen Wolf!" Eine scharfe Aussage für das kleine Persönchen – die Lacher hatte sie jedenfalls auf ihrer Seite, obwohl dies nun wirklich nicht bezweckt gewesen war.

Rein kulinarisch betrachtet, hat so ein frischer Fisch gewaltig viele Vorteile – und trotzdem bin ich den Fleischgenüssen nicht abgeneigt. Ganz im Gegenteil: Neben der deftigen heimischen Kost habe ich eine weitere kulinarische Liebe: saftige Steaks! Allerdings sind wirklich gute Steaks bei uns leider eine Rarität. Deshalb gönne ich mir in den USA jedesmal ein paar ordentliche Portionen – tellergroß, versteht sich!

Sie sehen schon, ich esse gerne – und leider sieht man das auch ein bißchen an meiner Figur, mit der ich ständig kämpfe. Für den charmanten Wiener ist das natürlich ein gefundenes Fressen, denn wer den Schaden hat, der hat auch den Spott.

Natürlich mit chilifarbenem Sakko:
Einstellprobe für die TV-Reihe „Unsere Stadt"
in „Wien heute" (1995)

So saß ich eines Tages im Buffet des Wiener Funkhauses, als eines dieser Wiener Prachtexemplare, das ich schon viele Jahre kannte, auf mich zukam. Jene charmante Person ist eher von kleinem Wuchs, was mich weiter nicht stört; der Kollege aber überraschte mich mit der Begrüßung: „Servus Günther, Du wirst ja immer blader!" worauf ich ihm leider antworten mußte: „Ich kann zwar abnehmen, aber Du nicht mehr wachsen!"
Damit war das Thema sehr schnell erledigt, für ihn und für mich, und ich kämpfe munter weiter zwischen Normal- und Übergewicht. Vor allem vor Fernsehshows oder Theaterpremieren sind bei mir regelmäßig Fastenwochen angesagt. Je älter ich werde, desto weniger gefällt mir aber das Abnehmen – denn ist es nicht so, daß man älter aussieht, wenn man so richtig mager und eingefallen ist? Na bitte.
Anders in den 60er Jahren: Da war ich rank und schlank. Es war die Zeit, in der ich fünf wundervolle Jahre als Ensemblemitglied auf der Bühne des Wiener Theaterkabaretts Simpl verbrachte, gemeinsam mit Maxi Böhm, Elli Naschold, Ossi Kolman, Fritz Muliar – und natürlich dem unvergessenen Karl Farkas, meinem Lehrmeister.

Wenn man über Karl Farkas spricht, ist Ernst Waldbrunn nicht weit – und auch mit ihm habe ich mich gut verstanden. Er wohnte, wie wir damals alle wußten, ständig im Wiener Hotel Sacher, wo er jede Annehmlichkeit genoß, die das Hotel zu bieten hat. Auch liebte er die noble Adresse sehr – er traf sich mit anderen Leuten besonders gerne im Café oder im Restaurant des Sacher.
Eines Tages sollten wir dort einen Sketch-Text besprechen. Ich trat, bekleidet mit einem chilifarbenen, herrlich rot-grün leuchtenden großkarierten Sakko in das noble, stille Café Sacher. Ernst Waldbrunn rief mir schon von weitem zu: „Da bin ich, Günther! Sag' einmal, seit wann trägst du so tote Sachen?!" An diesen Ausruf muß ich immer noch denken, vor allem, wenn ich mich wieder einmal zum Kauf chilifarbiger Bekleidung entschließe.
Zu meiner Zeit im Simpl gibt es ein paar nette Anekdoten, die ich Ihnen ein wenig später erzählen möchte. Neben Kabarett habe ich aber nicht nur Operette oder Musical mit Freude gespielt, sondern auch zahlreiche Boulevard-Komödien, Singspiele, Nestroy- und Raimundstücke bis zu Moliere's „Bürger als Edelmann" unter der Regie von Jean-Louis Barrault am Wiener Burgtheater. Gerne erinnere ich mich an mehrere 2-Personen-Avantgarde-Einakter, die Kollege Michael Schottenberg und ich inszenierten, bevor wir gemeinsam auf's Publikum losgelassen wurden.
Wenn Sie mich nach meinem Rollenfach fragen: Früher war ich Liebhaber mit komischem Einschlag; heute hat es sich auf das komische Element reduziert.
Geschrieben habe ich immer schon viel; neben Conférencen für Rundfunk und Fernsehen auch Gedichte und Theaterstücke, wie zum Beispiel

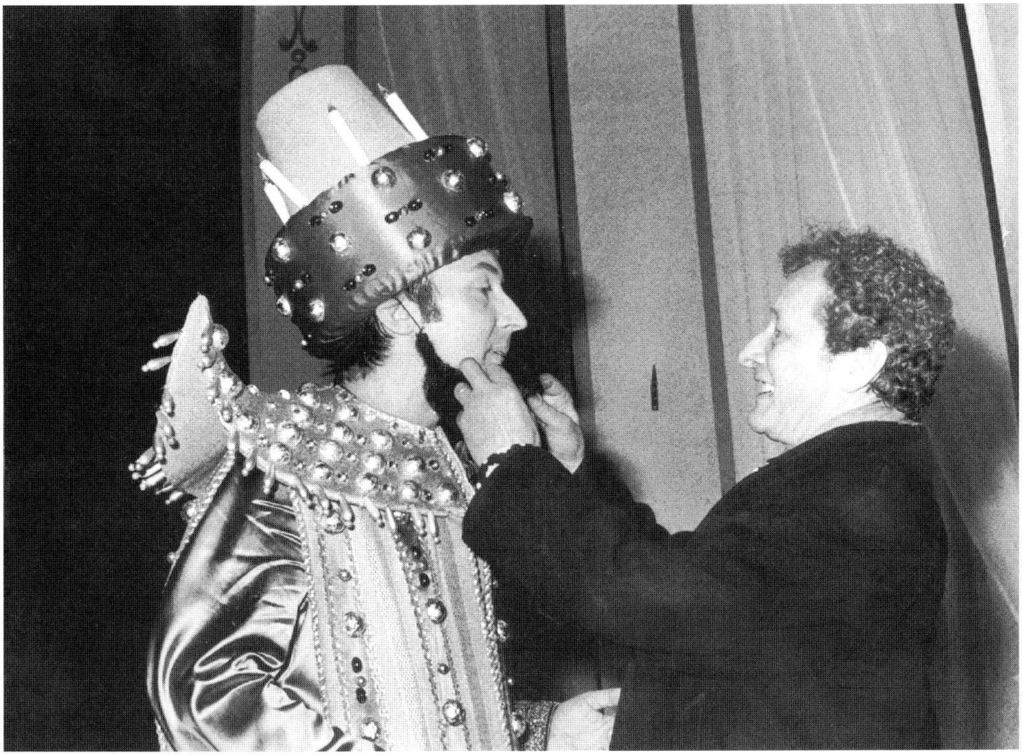

Foto: Egbert Mell ©:IPS

Wann richtet einem schon einer der weltbesten Regisseure den Bart?
Mit Jean-Louis Barrault in der Neufassung von Molières „Der Bürger als Edelmann" am Burgtheater

„Mein geliebtes Mörderlein", ein 4-Personen-Stück, das in Nürnberg uraufgeführt wurde. Stolz bin ich darauf, ordentliches Mitglied des österreichischen Schriftstellerverbandes und des Presseclubs Concordia zu sein. Es denken nicht alle so wie Dr. Peter Janisch, ehemaliger Intendant von Melk – jetzt Intendant der Raimund-Festspiele in Gutenstein –, der ziemlich unverblümt meinte: „Lieber Günther, als Schauspieler bist' normal, aber als Schreiber bist' ma zu verrückt!" Ich hoffe, Sie sind anderer Meinung, wenn Sie dieses Buch lesen...

Ein Leben für die Bühne?

Die Bühne hat ihre eigenen Gesetze: Der Schauspieler muß machen, was der Regisseur, der Autor oder der Komponist von ihm will. Der Schauspieler ist ein reproduzierender Künstler – im Gegensatz zum Maler oder Bildhauer.

Der Maler kann aus sich selbst schöpfen; bei der Malerei kann ich viel ehrlicher sein, als ich es jemals auf der Bühne sein konnte. Ich habe immer nur das gemalt, was ich wirklich wollte.

Vielleicht ist mir die Malerei schon in die Wiege gelegt worden. Daß dies recht wahrscheinlich ist, zeigt die folgende Episode.

Meine Mutter war erst wenige Wochen in anderen Umständen, als sie gemeinsam mit meinem Vater im Auto durch Gänserndorf in Niederösterreich fuhr. An der Kreuzung wurden meine Eltern von einer Zigeunerin aufgehalten, die meiner Mutter aus der Hand lesen wollte. Nur zögernd reichte meine Mutter ihre Hand aus dem Fenster, worauf ihr die Zigeunerin die Geburt eines Sohnes prophezeite.

Dieser Sohn, so meinte sie, würde später einmal sehr bekannt werden und einen Beruf ausüben, der mit dem Buchstaben „M" beginne. Nun, die erste Vorhersage traf ein, und die zweite können Sie selbst beurteilen. Was meinen Beruf betrifft: er ist nicht Musiker, sondern Maler!

Als es dann soweit war und ich das Licht der Welt erblickte, war die Freude meines Vaters über seinen Sohn so groß, daß er spontan im offenen Wagen durch Gänserndorf fuhr und die frohe Botschaft lauthals nach allen Seiten verkündete. Auf diese Weise erfuhr die Bevölkerung – ob sie wollte oder nicht – sehr rasch von meiner Ankunft.

Soviel zum Ursprung meiner künstlerischen Veranlagung. Meine Eltern waren gute Maler und Zeichner; der Vater wollte immer Maler werden, sein Vater aber, Emmanuel Schmidek, riet ihm davon ab. „Wer kauft Dir schon ein Bild ab?" soll er gesagt haben; also hat mein Vater Jus studiert und wurde ein bekannter Anwalt in Wien.

Ich habe leider nicht viel von ihm gesehen, weil er immer viel zu tun hatte und oft in ganz Europa unterwegs war. Vielleicht hatte er auch deshalb nicht die Nerven, einen Bengel wie mich in den Griff zu bekommen. Schon in der Volksschule wurde ich in ein Heim gesteckt: ein Schülerheim im 19. Bezirk, wo ich im Schlafsaal unter anderem mit Felix Rotholz

Foto: Arthur Grimm

1971: Trio mit Gunther Philipp und Louis Neefs
Wenn das meine Horner Professoren geahnt hätten...

gelegen bin, dem Gatten meiner Kollegin Brigitte Neumeister.
Ich durfte nur an den Wochenenden nach Hause. Schon in der 2. Klasse Gymnasium mußte ich wieder in ein Schülerheim übersiedeln, weil ich unverbesserlich war: Ich landete im Konvikt in Horn in Niederösterreich, wo mir schließlich auch die Matura gelang. In der Folge habe ich auch den Berufstitel „Professor" erworben!
Mein Vater mußte allerdings oft für viele meiner Unarten geradestehen, um mein Überleben an der Schule zu sichern. So mußte er einmal 40 Matratzen bezahlen, die ich aus Freude über eine bestandene Englisch-Nachprüfung aufgeschlitzt hatte. Dennoch: Heute moderiere ich meine Auslandsshows in englischer Sprache!
So wirklich in schulische Bedrängnis kam ich allerdings erst, als ich meine Qualitäten im Weitspucken unter Beweis stellen wollte.
Das Konvikt war in einer Kaserne untergebracht, was bedeutete, daß wir mitunter hautnahen Kontakt zur Truppe bekamen. Eines Tages ließ ein Rittmeister im Hof unter meinem Zimmerfenster seine Untergebenen in Reih und Glied antreten. Wie es der Teufel so wollte, übte ich mich gerade im Spucken – und das Produkt meiner Bemühungen landete auf der Schirmkappe des Rittmeisters, von wo es fröhlich herunterbaumelte. Weniger fröhlich reagierte der Rittmeister, wie man sich vorstellen kann! Diese an sich harmlose Geschichte hätte beinahe meinen unmittelbaren Verweis vom Gymnasium zur Folge gehabt. Also mußte mein Vater wieder einmal nach Horn pilgern, um sich an meiner Stelle in aller Form zu entschuldigen.

Nicht für die Schule lernen wir...

Heute habe ich zwar das Ehrenkreuz für Kunst und Wissenschaft erster Klasse, aber meine schulischen Leistungen waren nur in zwei Bereichen bemerkenswert: Turnen und Zeichnen. War das Zeichnen jedoch offensichtlich ein ererbtes Talent, gab es für meinen sportlichen Eifer eine ganz einfache Erklärung. Als guter Leichtathlet durfte ich zu Wettkämpfen fahren – und somit der Schule kurzfristig entfliehen! Hier schließt sich wieder der Kreis zu meinen Vorlieben, denn durch das sportliche Training begann ich bald, Rock & Roll zu tanzen; 1957 wurde ich österreichischer Rock & Roll-Meister, wobei mir auch meine Judo-Übungen zugute kamen.
Natürlich schlug ich aus meinen Fähigkeiten Kapital, denn in der Wiener Künstler-Szene war ich bald als der „Profi-Schnitzel-Rocker" bekannt. Zu diesem ehrenvollen Namen kam ich, weil ich im Wiener Künstlerlokal „Adebar" zur Belebung der Stimmung, aber auch zum Zwecke der Anlockung neuer Gäste, wilde Tänze auf's Parkett legte – und dafür jeden Abend ein Gratis-Schnitzel erhielt.
Die wilden 50er – eine Zeit des Aufbruches. Ich war ein Teil dieser 50er, ein typischer Vertreter der damaligen Jugend. Ich gehörte zur Wiener Künstlerszene, denn schließlich war ich ja Student an der Akademie für Bildende

Foto: Will Appelt

„Holiday am Wolfgangsee"
Szene mit H. J. Bäumler und Helga Anders (1966)

Künste. Es gab zu jener Zeit zwei beliebte Künstlertreffs: den Strohkoffer und die eben erwähnte Adebar.
In der Adebar in der Annagasse traf sich alles, was damals die „In-Szene" ausmachte.
Helmut Leherbauer – heute besser als Maitre Leherb bekannt – mit seiner Lotte Profohs, Fritzl Stowasser alias Hundertwasser, der heutige Burgschauspieler Michael Janisch oder der Literat Conrad Baier, der später tragisch Selbstmord beging. Zu unserer Runde gehörten auch Ernstl Fuchs, Adi Frohner, H.C. Artmann, Peter Weck und Conny Hannes Maier.
Die Adebar war mein Trainingscamp in Sachen Tanz, und dort fand auch meine allererste Ausstellung statt. Ich war 19 Jahre alt und stellte 40 Ölbilder aus, die Produktion eines Jahres. Ich bin heute noch stolz darauf, daß ich damals die Hälfte aller Bilder verkaufen konnte!

Musik – die Würze des Lebens

Wenn ich auf meine künstlerischen Anfänge zurückblicke, dann fällt mir ein, daß zu den Freunden meiner Familie immer Künstler gezählt haben: Die Dichter Ginzkey und Waggerl oder Schauspieler wie Burgstar Otto Schmöle, von dem ich meinen ersten Schauspiel- und Sprechunterricht bekam. Und was das Singen betrifft, so landete ich nach einigen Irrfahrten (denn nicht jeder Lehrer ist für jeden Schüler gleich gut) bei meinem verehrten Professor Karl Tuttner, ehemals Hochschule für Musik in Wien, der mich nun schon über ein Vierteljahrhundert unterrichtet und kontrolliert.
Wie ich überhaupt zum Singen kam? Daran ist wohl Fatty George schuld. Seine Logik „Du tanzt gut, warum singst Du nicht?" empfand ich als ziemlich zwingend. Er drückte mir einen Zettel in die Hand, der mich darüber informierte, daß ein gewisser Professor Varga junge Talente suche. Da ich ja ein solches war, beschloß ich, mich in den 4. Bezirk zu begeben, wo bereits ungefähr 30 Leute ab dem 1. Stockwerk bis hin zu seiner Wohnungstür im 3. Stock angestellt waren. Zufällig hatte ich ein Äskulap-Abzeichen dabei, also steckte ich es mir an, gab vor, in medizinischer Mission zum Herrn Professor vordringen zu wollen und stand tatsächlich kurz darauf vor ihm. Damals hatte ich zwei Lieder in meinem Repertoire, und die gab ich zum Besten: den „Rock-a-beatin'-boogie" von Bill Haley und den alten Swing-Standard „I can't give you anything but love". Also zog ich mein Hemd aus und präsentierte eine gemischte Gesangs- und Tanzdarbietung. Dazu muß ich bemerken, daß ich keine ausgebildete Stimme hatte, und das Notenlesen war auch nicht meine Stärke – immerhin wollte ich ja Maler werden! Der Herr Professor sah mich lange an und fragte mich dann: „Können Sie nix Deutsches? Wir sind ja hier in Österreich!" Konnte ich nicht, aber schließlich meinte Professor Varga: „Ich engagier' Sie, Sie verkaufen sich gut – aber singen können Sie nicht!"
So kam ich im Februar 1958 im Rahmen der Serie „Junge Talente stellen sich vor" zu drei Abenden im Keller des Porr-Hauses, vis-á-vis vom Verkehrsbüro am Wiener Naschmarkt.

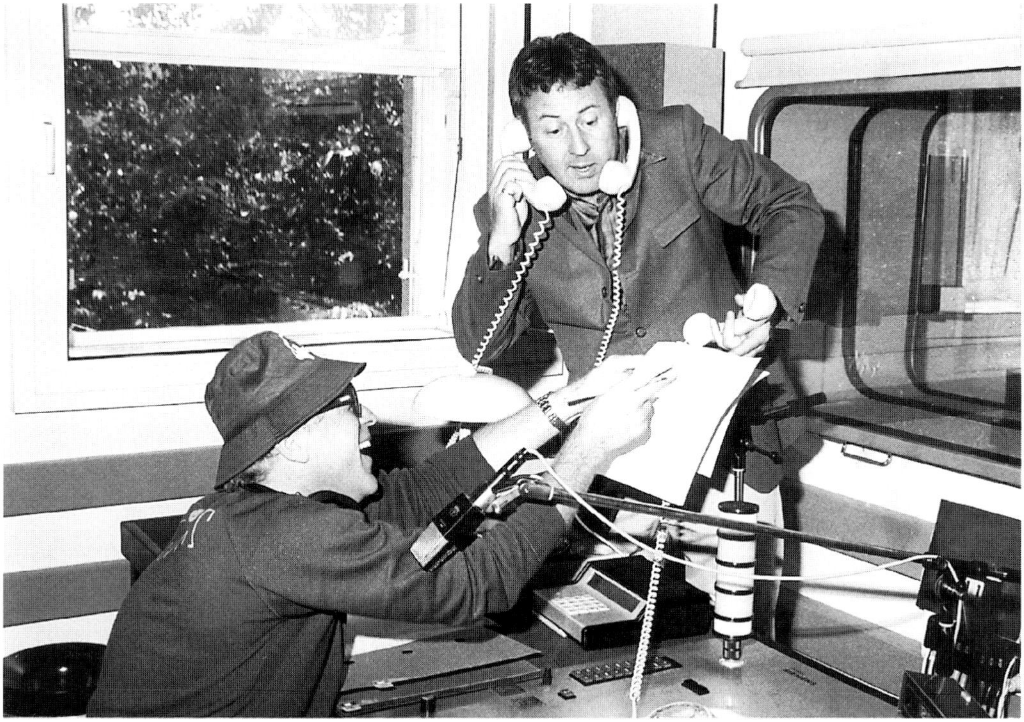

Streß! Auf Radio-Sendung mit Günther Lessiak (1975)

Gage gab es keine und jeder Künstler mußte selbst ein bestimmtes Kontingent an Eintrittskarten verkaufen. Mein gütiger Vater nahm mir 50 Karten ab – und verschenkte sie an Freunde. Wenn dann für den jeweiligen Künstler Applaus einsetzte, so kam dieser immer von dessen Familie oder seinen Bekannten. Immerhin sah mich damals zufällig der Pianist der Unterhaltungsabteilung des österreichischen Fernsehens auf der Bühne und verschaffte mir einen Termin beim seinerzeitigen Unterhaltungschef Karl Lackner.

„Zufällig" war die Begegnung deshalb, weil er eigentlich gar nicht mich hören wollte, sondern vor dem Porrhaus auf einen Autobus wartete und aufgrund des einsetzenden Schneeregens in das Innere des Gebäudes flüchtete. Daß er vom Regen in die Traufe kam, kann ich wohl aus heutiger Sicht ruhigen Gewissens behaupten. Auch mein Vorsingen beim Unterhaltungschef endete mit der unverblümten Aufforderung, statt meines englischen 2-Nummern-Standardrepertoires etwas Deutsches zu lernen – ich wurde auf jeden Fall damals nicht genommen.

Sie werden sicherlich wissen, daß dieser erfolglose Versuch nicht mein letzter ORF-Kontakt war, denn schon wenige Jahre später ging ich im Funkhaus aus und ein. Bei Ö3 moderierte ich die allererste Disco-Sendung „Diskothek am Samstagabend" und neben dieser Reihe noch andere wie „Duty Free Shop" oder „Music Scout".

Mittlerweile habe ich wohl einige 1.000 Rundfunkstunden zusammengestellt und präsentiert: von „Autofahrer unterwegs" bis zu Wunschprogrammen, Frühschoppen, Quiz- und esoterischen Sendungen, Interviews wie auch Reisebesprechungen.

Neben Dutzenden von Fernsehshows, in denen ich als Schauspieler oder Sänger zu Gast war, hatte ich auch meinen eigenen Quiz („Punkt um Punkt") und auch Show-TV-Sendungen („Ich lade gern mir..."). Bei diesen Produktionen traten jeweils zahlreiche Gäste aus aller Herren Länder auf. Es gab kein Playback, alles mußte live gesungen werden!

Die Liste meiner Gäste ist lang, und ich möchte nur einige wenige nennen, mit denen ich diese großartigen Shows gestalten durfte: Josef Meinrad, Katja Ebstein, Gerhard Bronner, Dolores Schmidinger, Paul Kuhn und seine Big Band, Ivan Rebroff, Kurt Weinzierl, Ingrid Steeger, Bruce Low, Marianne Mendt, Ludwig Hirsch, Fredl Fesl, Alfred Böhm, Gitte, Elfriede Ott und und und...

Wenn Sie mich heutzutage im Fernsehen betrachten wollen, brauchen Sie nur jeden Dienstag kurz vor den Weltnachrichten – also etwa ab 19.15 Uhr – die Sendung „Wien heute" aufzudrehen und meinen bereits seit sieben Jahren regelmäßigen Spaziergang in der Rubrik „Unsere Stadt" verfolgen. Ich stelle darin Schmankerln der Bundeshauptstadt vor, über die Sie auch im gleichnamigen Buch „Unsere Stadt" nachlesen können – es hat sich übrigens zu einem veritablen Wien-Bestseller entwickelt!

Bei den Aufnahmen zu „Wien Heute – Unsere Stadt" kann es auch manchmal recht turbulent

Auftragsarbeit für Leonhard Bernstein

zugehen. Ich stehe dabei auf der Straße vor der Kamera, der Text ist schwierig und enthält viele Jahreszahlen.
Ich aber muß den Anschein erwecken, als ob mir der Text eben erst eingefallen wäre – und muß locker und natürlich sprechen. Autos fahren vorbei, Bremsen quietschen, der Wind knattert ins Mikrophon, Kinder brüllen, Passanten bleiben stehen und reden in meine Aufnahme hinein. Endlich schien es einmal perfekt zu sein und ich sprach meine Passage ohne zu stocken, da hielt – bei meinen letzten Worten – ein Auto neben mir. Ein Mann sprang heraus und rief: „Herr Frank, bitte ein Autogramm!" Normalerweise kein Problem. Es stellte sich in der Folge heraus, daß er soeben eines meiner gemalten Werke gekauft hatte und es signiert haben wollte. Was hätte ich tun sollen? Die Unterbrechung nahm dann aber etwas größere Dimensionen an: Als er nämlich das Bild aus dem Kofferraum nahm, sah ich sofort, daß dies nie im Leben von meiner Hand stammte. Keinesfalls konnte ich aber eine (noch dazu soeben entlarvte) Fälschung signieren, und der Mann, der viel Geld für einen vermeintlichen Hit bezahlt hatte, zog erbost ab. Zufälle gibt´s...

Hit-Parade

Apropos Hit: In meiner Anfangszeit als Schlagersänger habe ich es immerhin, ab dem Jahr '59, auf insgesamt drei Hit-Singles gebracht. Über die Entstehung meiner ersten Scheibe „Oh Annabella" habe ich Ihnen schon erzählt. Diesem Titel folgten „Liebe auf den ersten Blick" und 1960 „7 Wochen nach Bombay". Rex Gildo hat diese Nummer auch gesungen, aber ich habe mit einer gewissen Genugtuung feststellen können, daß sich meine Version besser verkauft hat als seine! Vielleicht liegt es daran, daß Rex kein Chili-Fan ist und Bombay in einem echten Chili-Gebiet liegt?
Eines Tages spielte mir Robert Stolz in seinem Haus in Wien-Grinzing am Klavier ein paar seiner Kompositionen vor und wollte, daß ich sie auf Schallplatte verewige. Wir nahmen die Titel dann in Berlin auf; einen davon sowohl in englischer als auch in deutscher Sprache: „Champagne" beziehungsweise „Wenn wir schon beim Champagner sind". Das war ein richtiger l'amour-Hatscher, wie man so sagt, doch die Platte wurde im Radio nie gespielt. Für Ö3 war sie angeblich zu fad, und die Regionalprogramme wollten damals keine englischsprachigen Lieder, also wurde sie bei uns kein Erfolg. Allerdings...
Acht Jahre später schenkte ich eine dieser Platten einer englischen Journalistin, und sie nahm sie mit nach London. Auf einer Party dort war ein Mann von der BBC zu Gast, und siehe da: er fand an unserer Musik Gefallen! Also nahm er die Platte mit und stellte sie in seiner Musikhitparade vor.
Offensichtlich unterscheidet sich der Geschmack der Briten doch ein wenig von unserem, denn aufgrund dieser einen Ausstrahlung erhielt BBC etliche Anrufe! So kam es, daß ich Jahre nach der Aufnahme meine Platte im englischen Rundfunk persönlich vorstellte und zahlreiche Interviews in Rundfunk und TV gab.

Im Maleratelier (1988)

Dies war der Beginn meiner umfangreichen Kontakte zu England, denn seit dieser Zeit trete ich mit meinen Programmen dort auf.
Insgesamt habe ich zirka 150 Schallplattentitel aufgenommen. Jener Song, den man seit 1993 auf diversen Sendern am häufigsten hören kann, ist das von Willy Spanblöchel komponierte lustige Lied „Eine Kokosnuß hat keinen Reißverschluß". Eigentlich erkennen Sie schon aus dem Titel, daß uns diese Produktion sehr viel Spaß gemacht hat! Ein deutscher Produzent aus München hat davon eine Single gepreßt. Die Rückseite heißt „Ein Dorf aus meiner Kindheit", ein Lied zum Nachdenken.

Die Unterhaltungsbranche hat sich gewaltig gewandelt und es ist schade, daß die gute alte Vinylplatte von der CD ersetzt wird. Auch aus der Sicht des Malers betrübt mich dies ein wenig, denn das größere Cover der LP bietet ja mehr Gestaltungsmöglichkeiten als die kleine CD. Ich habe natürlich Plattencover für meine eigenen Lieder gestaltet, aber auch solche für die Aufnahmen anderer Künstler kreiert. Für Leonard Bernstein gestaltete ich eine Flügelmappe, die thematisch mit seinen Kompositionen übereinstimmt.
So bin ich stets dem Genuß verbunden: dem Genuß der Malerei, dem Genuß der Musik – und dem Genuß der Chilis! Mit letzterem möchte ich mich in der Folge ein wenig befassen.

Chili – ein Essvergnügen

Es ist nicht so einfach, mit Chili richtig umzugehen. Wie überall gibt es auch hier etliche Tips und Tricks, die der Chilifreund wissen sollte.

Zunächst einmal ist das subjektive Empfinden für Schärfe bei jedem Menschen anders. Mir kann es nicht scharf genug sein, und was ich noch als angenehm empfinde, kann ein zarteres Wesen womöglich schädigen. Ich habe schon Menschen erlebt, die nach dem Genuß von Chilis so litten, daß sie kurze Zeit nichts hörten! Das ist natürlich ein Extremfall, aber prinzipiell hat natürlich jeder seine eigene Schärfeskala.

Selbst die Köche sind sich nicht ganz einig; manche erstellen für Chilis eine 5-teilige Schärfeskala, von 1 für mild bis 5 für höllisch scharf – andere teilen sie in elf Kategorien ein. Probieren Sie einfach aus, was Ihnen guttut, denn wenn Sie schärfeempfindlich sind, müssen Sie natürlich auch beim Kochen vorsichtig sein! Regionale Gegebenheiten und familiäre Gewohnheiten spielen da ebenfalls eine Rolle, aber in meiner Familie wurde ja immer schon scharf gegessen.

Bei der Verarbeitung in der Küche ist Ihr Schärfeempfinden wichtig, denn Sie müssen beim Kochen wissen, welche Chilis Sie problemlos verwenden können, beziehungsweise bei welchen Sie besser die Samen und Scheidewände entfernen sollten.

Bei „normalen" Menschen – ich zähle nicht dazu – empfiehlt es sich, die großen Chilisorten zu behandeln. Das heißt: Die größte Schärfe sitzt in den Samen, und die gehören entfernt. Auch die Scheidewände sind Quelle feurigen Geschmacks, für die verschiedenen Zubereitungen werden die Chilis oft gehäutet. Landet ein Chili im Salat, soll er knackig und frisch sein und wird daher im rohen Zustand geschält. Bei warmen Gerichten rösten Sie Ihren Chili, was natürlich den Geschmack verändert. So erhält er aber ein ganz eigenes, typisches Röstaroma, das hervorragend zu den diversen scharfen Speisen paßt! Übrigens empfiehlt es sich, bei der Arbeit mit frischen Chilis Küchenhandschuhe zu tragen. So vermeiden Sie Reizungen der Augen oder der Haut.

Chili, eine feurige Waffe

Für den ungeübten Chili-Konsumenten kann diese Frucht eine recht fatale Wirkung haben – und dieses Wissen habe ich einmal ganz gezielt eingesetzt. Ich war auf Operetten-Tournee und wir brachten die „Czardas-Fürstin". Natürlich spielte ich die Buffo-Partie; ich habe bereits so gut wie alle Bufforollen gespielt, und der „Graf Boni" ist in meinen Augen die beste Rolle, die es in diesem Fach in der Operettenwelt gibt. Mit mir stand ein schöner blonder Tenor auf der Bühne, der aus den verschie-

Hahn im Korb (1972)

densten Gründen auf mich eifersüchtig war. Vielleicht kennen Sie die „Czardas-Fürstin", und vielleicht erinnern Sie sich an die sogenannte Schüttelszene, die in jeder Regie vorkommt: In dieser schüttelt „Edwin" – mein blonder Tenorfreund – den Grafen Boni, nämlich mich. Der Darsteller des Edwin war aber an einem Abend so böse auf mich, daß er sich mit dem Rücken zum Publikum drehte und mir zweimal fest in den Magen boxte.
Sie werden jetzt vielleicht fragen, warum ich nicht zurückgeboxt habe? Die Bühne ist ein schlechter Ort, um solche Animositäten auszutragen, aber meine Rache war viel süßer – oder besser: viel schärfer.
Ich tat zunächst so, als ob nichts geschehen wäre, aber drei Tage später war mein Moment gekommen. Ich bereitete uns allen einen Tee, die Tasse des Tenors aber würzte ich mit Cayennepfeffer, viel Honig und Rum, um die Schärfe zu neutralisieren. Mein Kollege trank den Tee, ohne Verdacht geschöpft zu haben, doch innerhalb von zwei Minuten war seine Stimme weg! Das war besonders unangenehm, da meine Chili-Rache in der Pause zwischen dem ersten und zweiten Akt stattfand und Edwin krächzend weiterspielen mußte... Sie sehen, Rache ist – scharf!

Einen Jux will er sich machen

So hat sich der Chili wieder einmal als guter Freund erwiesen; ab und zu mache ich mir auch heute einen Jux daraus, so manchem ahnungslosen Opfer unbemerkt eine scharfe Überraschung ins Essen zu zaubern.
Dieser Jux hat übrigens Tradition bei mir, denn schon in jener Zeit, in der ich als junger Schauspieler in der Schweiz spielte, hatte ich Requisiten bei mir, wie man sie in Faschingsartikelgeschäften erhält. So saß ich also des öfteren in einem teuren Restaurant und speiste vergnügt vor mich hin. Wenn ich so an die zwei Drittel meiner Portion verzehrt hatte, ließ ich unbemerkt eine kleine Plastikfliege in den Teller gleiten und beschwerte mich daraufhin empört bei der Bedienung. Auf diese Weise bekam ich immer zumindest eine zweite Speise gratis, was mich mit größter Genugtuung erfüllte. So habe ich mir als junger Künstler oft meine Gage aufgebessert.
Einen Jux der besonderen Art erlaubte ich mir auch mit Karl Merkatz. 1985 spielten wir in Mörbisch gemeinsam in der Operette „Die goldene Meisterin", wo wir zwei alte Ritter mimten. Zwischen den Proben war uns natürlich langweilig, also heckten wir allerlei Unfug aus, mit dem wir die Leute schockierten. So trafen wir uns etwa „zufällig" in einem Mörbischer Lokal, und als ich Karl erblickte, schrie ich ihn empört an: „Nein, also wenn Sie hier sind, möchte ich hier nicht essen!!!". Karl brüllte zurück, worauf ich wieder antwortete – und nach mehreren lautstarken Sätzen, die wir uns an den Kopf warfen, verließen wir – gemeinsam – das Lokal. Wir hinterließen natürlich eine entsetzte Menge, und der Himmel weiß, was die dortige Umgebung heute noch von uns denkt!
Auch das Strandbad in Rust war vor unseren Scherzen nicht sicher. Karl Merkatz rief mir

Karl Merkatz – ein richtiger Kumpel!
Seefestspiele Mörbisch: „Die goldene Meisterin" (1985)

dort, als ich gerade ins Wasser des Neusiedler Sees waten wollte, laut und vernehmlich über die badenden und Erholung suchenden Gäste zu: „Vorsicht, Günther, geh´ hier nicht schwimmen! Hast Du nicht von den zwei Krokodilen gehört, die gestern entkommen sind?"
Natürlich wollte ich nicht nur Operette machen, also widmete ich mich in den 70er Jahren gleichzeitig dem Avantgarde-Theater. Zum Beispiel Tardieus „Die Sonate und die zwei Herrn", oder Mrozeks „Der Schalter". Bei den Salzburger Festspielen spielte ich den „Tamino" in „Der Kasperl in der Zauberflöte", einem Stück von Lotte Ingrisch.
Aber auch im Musical fühle ich mich sehr wohl. Gut in Erinnerung ist mir z. B. „My fair lady" und „Lady in the dark" mit Nadja Tiller am Wiener Raimund-Theater.

Simpl und heiter

Schabernack hat mir schon immer Spaß bereitet! Um Geld für mein Studium an der Akademie für Bildende Künste zu verdienen, werkte ich einst als Vertreter leicht lesbarer medizinischer Literatur.
Wie es nun Vertretern leider öfters ergeht, wurde auch mir häufig die Tür vor der Nase zugeschlagen. Ich revanchierte mich dann bei jenen Leuten, die kein Verständnis für meinen Gelderwerb hatten, indem ich ihre Türen mit farbenprächtigen Skizzen verzierte. Bestimmt waren auch recht passable Werke darunter, die den Beglückten heute einiges Geld einbrächten, damals aber mit viel Grimm von den Türen gewischt wurden.
Spaß machen, wo immer es möglich war – ein guter Nährboden dafür war meine Zeit bei Karl Farkas im „Simpl". Farkas selbst war hinter den Kulissen, in der Garderobe und in privater Gesellschaft kein lustiger Mensch. Als Maxi Böhm und ich einander einmal Witze erzählten, stellte uns Karl Farkas zur Rede; auf unseren Hinweis, daß er ja selbst Witze erzähle, kam die trockene Antwort: „Auf der Bühne – ja, aber nicht privat!"
Apropos Bühne: Dort gibt es zahlreiche Möglichkeiten, um mit Kollegen Schabernack zu treiben; zum Beispiel mit Hüten! Man kann das Hutband innen etwa mit schwarzer Schuhcreme einlassen, und wenn der Schauspieler in einer Szene den Hut abnimmt, hat er plötzlich einen breiten schwarzen Streifen auf seiner Stirn. Das Gelächter des Publikums und der Kollegen kann er sich dann meistens nicht erklären.
Ein beliebter Trick ist es auch, einen Hut, der sich auf der Bühne befindet, innen mit kreuzweise angenähten Bändern zu versehen – der Hut kann dann einfach nicht auf den Kopf gestülpt werden. Probieren Sie´s doch einmal!
Mit einer Conférence trat ich einmal im Schaffnergewand vor den Vorhang, um eine Erklärung für die nachfolgende Straßenbahnszene mit Karl Farkas und Elli Naschold zu geben, die einen Meter von mir entfernt hinter dem Vorhang saßen.
Es war bereits die vierzigste Vorstellung, wir waren gut eingespielt und erzählten uns zwischen den Auftritten hinter der Bühne Witze. Mein Stichwort kam, ich trat vor den Vorhang

22.4.67
Mein lieber guter
Günther Frank!
für blendende Mit-
arbeit herzlichsten
Dank!
Ihr alter
„Entdecker"

Foto: DOLIWA

– und wußte plötzlich kein Wort meines Textes mehr.
Karl Farkas zischte hinter dem Vorhang: „Red´ endlich!". Ich stammelte nur „Grüß Gott" – und ging blitzschnell von der Bühne ab. Im nachfolgenden Sketch mußte ich eine Rothaut spielen; die Schminke dazu brauchte ich an diesem Abend nicht, so sehr genierte ich mich vor dem Publikum, vor das ich mit chilirotem Kopf trat.
Ähnlich peinlich war´s, als mir Maxi Böhm kurz vor meinem Auftritt absichtlich ein Glas Wasser auf meine hellgraue Flanell-Hose schüttete – dorthin, wo es so aussah, als ob mir „etwas passiert" wäre.
Ich hatte nur wenige Sekunden Zeit, bis mein Stichwort für den Auftritt kam, also stürzte ich in die danebenliegende Garderobe zur Wasserleitung und schüttete mir mehrere Handvoll Wasser auf andere Stellen des Anzuges. Es sollte so aussehen, als würde es regnen, dabei war es aber ein warmer, wolkenloser Maiabend.
Und schon stand ich vor Farkas auf der Bühne! Der war entsetzt über mein Aussehen und stellte mir, während ich meinen vorgeschriebenen Text sprach, zwischendurch leise – aber dennoch hörbar für das Publikum – peinliche Fragen.
Ein andermal trat ich mit Fritz Muliar auf:
er als Apotheker, ich als Kundschaft mit Zahnschmerzen. Ich hatte auf der Bühne alle Schmerzmittel durchzuprobieren, aber keines schien zu helfen. Da griff der Apotheker zu einem alten Hausmittel: einer kräftigen Ohrfeige!
Nun gibt es an sich die sogenannte „Theater-Watsch´n": Jemand klatscht in die Hände und der Schauspieler tut so, als ob er eine Ohrfeige bekommen hätte. Fritz Muliar war da anderer Meinung: Er sagte, daß im Kabarett alles echt sein müsse, und daß ein junger Schauspieler etwas lernen soll – also gab er mir eine „echte Watsch´n". Das brannte wie Chili, und ich fürchtete mich jedesmal vor dieser Szene, daher spielte ich auch unnatürlich.
Meine Klagen gegenüber Karl Farkas, Maxi Böhm und Fritz Muliar selbst bewirkten genau das Gegenteil, denn ab diesem Moment erhielt ich regelmäßig eine zweite Ohrfeige von ihm – auf die andere Backe!
Viel später wurden wir allerdings sehr gute Freunde. Als ich Fritz Muliar einmal daran erinnerte, gab er mir zur Antwort: „Du hast halt viel bei mir gelernt, deshalb bist du auch ein guter Schauspieler geworden!"
Tja, das Kabarett ist eine harte Schule; man muß stets gegen den Schabernack seiner Kollegen gefeit sein und sich eine harte Haut zulegen. Nur so lernt man, sich durchzusetzen und jeder Situation vor Publikum – egal, was passiert – gerecht zu werden.
Meinem Kollegen Karl Hruschka gelang das jedoch einmal nicht. Die Bühne im Simpl war so angelegt, daß man zwischen dem Zuschauerraum und dem geschlossenen Vorhang gerade noch stehen konnte. Von dort aus wurden zwischen den Sketches die Überleitungsconférencen gesprochen.
Karl Hruschka also, ein wohlbeleibter Komiker, stand vor dem Vorhang und plauderte.

Fotos: DOLIWA

Meine Lehrzeit am Theatercabaret Simpl unter Karl Farkas (1963-1968)

Ich befand mich auf der Bühne hinter dem Vorhang – unsichtbar für das Publikum – und gab meinem Kollegen durch den Vorhang mit dem Zeigefinger einen zarten Stoß.
Er verlor das Gleichgewicht, machte unfreiwillig einen Schritt nach vor und stieg mitten zwischen die Sektgläser – auf den nächstbesten Tisch!
Auf die Weise hatte auch dieser Routinier seinen Texthänger.

Ein Loblied auf den Chili

Aber zurück zum Chili und dem Genuß!
Chili ist ja vielseitiger, als Sie vielleicht denken. Einerseits, was seine Funktion als Grundnahrungsmittel betrifft, andererseits, was man alles damit machen kann. Wenn Sie es bis jetzt noch nicht gewußt haben, dann sollte Ihnen spätestens jetzt klar werden: Chili ist gesund!
Nicht von ungefähr sind Chilis in vielen Ländern ein wichtiger Bestandteil der täglichen Nahrung. Dies trifft interessanterweise aber besonders auf jene Länder zu, deren Grundzutaten den Speiseplan nicht allzu abwechslungsreich machen, also tropische und subtropische Gegenden, die sich hauptsächlich von Mais, Bohnen oder Reis ernähren.
Wie kann es sein, daß etwa in Mexico die Chilis – neben den Maisfladen und Bohnen – zu den Grundnahrungsmitteln gehören?
Die Lösung ist ganz einfach: unser Chili hat´s in sich und liefert wichtige Vitamine, Mineralstoffe, Kalorien, Fett, Kohlehydrate und Eiweiß. Chilis haben einen hohen Gehalt an Ballaststoffen und sind somit auch ein topaktueller Bestandteil ausgewogener Ernährung!
Der Gewürzpaprika – wie auch der Gemüsepaprika – enthält viel Vitamin C und Provitamin A. Ein Paprika enthält zum Beispiel bis zu dreimal mehr Vitamin C als Zitrusfrüchte! Der genaue Anteil variiert natürlich je nach Sorte, Herkunft und Reife; grundsätzlich gilt jedoch, daß eine reife rote Frucht fast doppelt so viel enthält als eine unreife grüne. Schon mit dem Genuß eines mittelgroßen, unreifen Paprika können Sie den Vitamin C-Tagesbedarf eines Erwachsenen (das sind 75 mg) abdecken. Leider ist diese Tatsache nur bedingt auf Chilis anwendbar, denn sie können wegen ihrer Schärfe von den meisten Menschen nur in geringen Mengen verzehrt werden.
Ich habe vorhin auch vom Provitamin A gesprochen, das im Körper zu Vitamin A umgewandelt wird. Vitamin A ist gut für die Augen (aber nicht, weil Ihnen beim Genuß die Tränen kommen!) und steigert die Abwehrkräfte des Organismus.
Dieses Vitamin ist fettlöslich, und damit es vom Körper gut genutzt werden kann, raten manche Leute, Paprika mit etwas Öl zu konsumieren. Daraus folgt: Was gibt es Gesünderes als einen Ölpfefferoni am Würstelstand?
Ein Chili hat meist vier markante Farben: Grün – das sind die schärfsten! Rot, orange oder gelb – das sind dann jene, die einen leicht süßlichen Beigeschmack haben. Diese herrlichen Farben entstehen durch Farbstoffe, die sich hauptsächlich in der Fruchtwand be-

Foto: Victor Mory

Mit Hans Putz als „Knieriem" und „Zwirn" in Nestroy´s „Lumpazivagabundus" (1986)

finden. Nach der Ernte setzen bei den Paprikas natürliche Stoffwechselvorgänge ein, und so ändert sich der Farbstoffgehalt der Früchte. Sicher haben Sie in Ungarn schon die Paprikabüschel bewundert, die an den Hauswänden zum Trocknen aufgehängt werden. Ein Paprika braucht frische Luft, um eine mögliche Fäulnis zu verhindern, und der natürliche Trocknungsvorgang dauert etwa 30 bis 40 Tage.
Für den feurigen Einsatz in der Küche werden die Chilis in frische unreife (also grüne), frische reife sowie getrocknete Früchte eingeteilt. Natürlich eignen sich die getrockneten Früchte am besten für den Handel, da sie länger haltbar sind, aber auch in sogenannten Naßkonserven werden Chilis vertrieben.

Tips und Tricks

Die frischen Chilis werden beim Kochen warmer Gerichte mitgegart oder einfach roh in Saucen verwendet, die getrockneten Früchte werden zu Gewürzen verarbeitet. Ein kleiner Trick: Wenn Sie eine getrocknete Frucht ins Wasser werfen, quillt sie auf und wird dadurch wieder geschmeidig!
Was die wenigsten wissen:
Wenn Sie die Schärfe von Chilis mildern möchten, können Sie die Schoten etwa zwei bis drei Stunden in eine Wasser-Essig-Lösung oder in Salzwasser legen.
Die Farbe von Chilipulver ist übrigens sehr lichtempfindlich; sie reagiert auch gegenüber hohen Temperaturen und Sauerstoff sensibel. Also immer richtig lagern: verschlossen, kühl und dunkel!
Jeder Chili enthält Zuckerstoffe, die beim Kochen karamelisieren. Je höher die Kochtemperatur ist, desto bitterer kann das Gewürz werden, also Achtung!
Die Aromastoffe im Chili wirken appetitanregend. Beim ersten Bissen schon tut sich Erstaunliches: Es schießen nicht nur Tränen in die Augen, sondern auch vermehrt Speichel in den Mund! Die übrigen Verdauungssäfte werden ebenfalls angeregt und die Peristaltik des Darmes in Bewegung gesetzt. Das bewirkt, daß schweres Essen durch Chili leichter verdaulich wird! Darüber habe ich früher natürlich nicht nachgedacht, aber die Wirkung ist unbestritten.
Noch einen Pluspunkt kann sich unser kleiner Gewürzpaprika auf sein ernährungstechnisches Vorteilskonto buchen: Durch den Genuß von scharfen Speisen wird die allgemeine Durchblutung gefördert, und das bewirkt, daß man sich einfach rundherum wohler fühlt. Das soll natürlich kein Plädoyer für die Churchill´sche Philosophie des „no sports" sein – aber es ist schon erstaunlich, wie gesund ein Chili ist!
Wenn Sie Neueinsteiger in den Chili-Freundeskreis sind, möchte ich Sie warnen. Manche Chilisorten sind einfach zu scharf, um von „ungeübten" Genießern verzehrt zu werden. Probieren Sie daher zuerst ein kleines Stück, bevor Sie Ihren Speisen die Chiliwürze verleihen. In extremen Fällen kann nämlich

Nicht aus dem Rahmen fallen, Günther...

ein Zuviel an Chilischärfe zu leichten Darmreizungen oder Magenverstimmungen führen. Es kann Ihnen auch durchaus einmal passieren, daß Sie ganz zufällig auf ein Chilistück beißen. In diesem Falle gibt es aber eine „Notbremse". Löschen Sie Ihren Brand auf keinen Fall mit einem Schluck Wasser – damit verteilen Sie die Schärfe nur noch mehr im Rachenraum! Besser ist es, schnell zu einigen Körnern Salz zu greifen und sie zu lutschen. Auch ein Stück Weißbrot lindert die ersten Qualen. Mein Chili-Kollege Manfred Buchinger, der „Inter-Conti"-Haubenkoch, schwört wiederum auf ungesalzenen weißen Reis, den man zum Chili essen soll.

Was macht die Chilis so scharf?

Jede Capsicumfrucht enthält ein sogenanntes Capsaicin. Schon wieder so ein herrlich wissenschaftliches lateinisches Wort! Dieser Stoff wird in der sogenannten Placenta der Früchte gebildet und befindet sich hauptsächlich in den Samen und Scheidewänden. Je mehr Sonne ein Chili im Laufe seines Lebens aufnimmt, desto feuriger wird er. Ist das nicht bei uns Menschen genauso?

Das feurige Temperament der Südländer, das ich sehr schätze, ist uns allen ja bestens bekannt! Es ist auch interessant, daß die scharfen Chilis gerade in heißen Ländern besonders gerne verzehrt werden. Dafür gibt es aber eine einfache Erklärung.

Die Schärfe wirkt schweißtreibend, und Schwitzen beugt der Überhitzung des Körpers vor! Das ist wohl auch der Grund, warum in der nördlichen Hemisphäre der milde Gemüsepaprika vorgezogen wird. Ob sich daraus auch schließen läßt, daß in meinem Blut südländische Elemente fließen? Es wird wohl so sein, denn es zieht mich nicht nur kulinarisch immer wieder in diese Regionen.

Chilis passen übrigens gut zu Speisen mit Geflügel, ein interessanter Gegensatz zwischen dem zarten Fleisch und der scharfen Frucht. Diese Kombination ist jahrhundertealte Tradition und gehörte schon zum Küchenalltag der süd- und mittelamerikanischen Ureinwohner oder auch der Asiaten.

Das Paprikahuhn ist bei uns wohl der bekannteste Vertreter dieser Gerichte, eine ungarische Erfindung übrigens, die allerdings mit dem milden und süßen Gemüsepaprika Vorlieb nimmt.

Noch einen Tip habe ich für Sie bereit: Die Schärfe der Chilis können Sie in den meisten Fällen nach ihrer Größe einschätzen.

Je größer der Chili, desto milder ist er.

Bei schärfeempfindlichen Gemütern gilt also: Hände weg von den Kleinen! Natürlich ist der Schärfegehalt auch von der Sorte und Herkunft abhängig; die Lagerbedingungen spielen eine weitere Rolle.

Für Chilifreunde gilt aber ohnedies: Je frischer, je schärfer – je lieber!

Foto: G. Schnabl / ORF

TV-Sketch mit meinem Freund Alfred Böhm (1986)

Chili-Fans in Österreich?

Eine Fan-Gemeinde formiert sich.

Das Gros der Österreicher assoziiert mit Chili wahrscheinlich „Chili con carne", zu deutsch: Chili mit Fleisch.

Angeblich soll diese Speise bereits auf die Azteken zurückgehen! Wie auch immer, sie hat ihren Siegeszug um die Welt angetreten, und einen maßgeblichen Anteil daran haben die USA. Vor allem die Südstaaten sind weltberühmt für die von dort stammende hervorragende Rindfleischqualität, und ich kann nie widerstehen, mir bei meinen Amerikareisen ein Steak zu gönnen. Die weniger wertvollen Teile des Rindes aber verwenden die Amerikaner, um sie in kleine Stücke zu schneiden und chili con carne daraus zu machen, eines der beliebtesten Gerichte der Südstaaten.

Mit ihrem Sinn für Praktisches schätzen es die Amerikaner sicher auch deswegen, weil es rasch und einfach zuzubereiten ist und alle Zutaten schon fertig erhältlich sind – von den Tomaten bis zu den Bohnen und den Chilis. Mehr darüber verrate ich Ihnen im Rezeptteil dieses Buches.

Chili con carne ist also der Star unter den Chiligerichten, aber für den Kenner gibt es mittlerweile eine kleine Auswahl an weiteren Chiliprodukten, die den Gaumen erfreuen.

Und was trinkt der Chili-Fan? Natürlich ein – Chilibier! Hierbei handelt es sich nicht etwa um einen Scherz, sondern um Bier mit einer in der Flasche befindlichen Chilischote. Bis zum Genuß des anregenden Getränkes darf der Chili allerdings nicht verletzt werden, sonst beginnt er rasch zu faulen – und die Freude am außergewöhnlichen Getränk wäre im wahrsten Sinne des Wortes empfindlich getrübt.

Das begehbare Bild.

Ich esse gerne – z. B. beim „Sailer" im 18. Bezirk, oder im „Neuen Rathaus" in der Josefstadt, wo Hermann Adam, mit dem mich seit mehr als 40 Jahren eine Freundschaft verbindet, seinen Gästen „alles Liebe" und Gute bietet. Dazu trinke ich gerne ein Glaserl Bier, aber noch lieber ist mir ein guter Humpen Wein, wie ich ihn z. B. beim „Gstaltner" in Stammersdorf, oder gleich um´s Eck beim „Heidenreich" vorfinde. Wien ist ja voll von wirklich gemütlichen und einmaligen Plätzen, und solange man die touristischen Gassen meidet, gibt es kaum etwas Urigeres und Ehrlicheres als eben den Heurigen.

Wolfgang und Helene Heidenreich nahmen vor einigen Jahren mit mir Kontakt auf, um mich einzuladen, ihr neues Lokal mitzugestalten. Das ist natürlich für einen Künstler eine interessante Herausforderung: man kann sich plötzlich in einer Dreidimensionalität bewegen, die natürlich viel mehr kreativen Spielraum läßt als ein Bild. Also ging ich daran,

Scharfe Chili-Brötchen beim „Heidenreich“

einen Saal komplett nach meinen Vorstellungen zu entwerfen; bei diesem Projekt mußte und wollte ich absolut keine Konzessionen machen!
Ich schuf also ein „begehbares Bild" – ein räumliches Gesamtkunstwerk, in dem alles bis ins kleinste Detail von Künstlerhand stammt. Die Wände, Tische und Bänke sind dabei in vier Farben gehalten: grün, blau, schwarz und weiß. Die Wände wurden in unterschiedlichen Tiefen verschiedenfarbig gestaltet, und als besonderer Akzent scheint der Stamm eines Baumes in der Luft zu schweben. Das ruft vor allem bei Besuchern mit fortgeschrittenem Weinkonsum einige Verwirrung hervor! Dazu malte ich sieben Bilder mit Schildkröten, einem meiner Lieblingsmotive, die in die Wände ebenso integriert wurden, wie sich Segmente der Türen in den Bildern wiederfinden.
1992 war die Eröffnung des neuen „Heidenreich". Dieses Fest sollte vor allem auch ein künstlerischer Höhepunkt werden!
Entsprechend des Gesamtkonzeptes erhielt jeder der Gäste einen Umhang in einer der vier Raumfarben – und mußte sich auf einen vorher bestimmten Platz setzen. Erst als alle Personen saßen, war das Bild wirklich fertig. Eine zeitlang erlaubte ich keinem, auf die Toilette zu gehen – er hätte ja mein Opus zerstört! Dieser augenzwinkernd erteilte „Befehl" wurde allerdings von sämtlichen Beteiligten sehr ernst genommen, alle blieben brav sitzen – sie waren ja ein Teil meines Bildes.
Zu dieser Eröffnung gibt es eine kleine, amüsante Episode am Rande, die ich Ihnen nicht vorenthalten möchte. Auch der damalige Wiener Bürgermeister Dr. Helmut Zilk erschien und weigerte sich spaßhalber, aber verständlicherweise, eine der Farben als Umhang anzulegen. Wie hätte das auch ausgesehen: Zilk mit weißem, oder blauem, oder grünem oder gar schwarzem Mäntelchen?
Allerdings kam mir der Gedanke aber schon am Abend vor der Eröffnung und ich ließ schnell einen roten Umhang für ihn anfertigen. Dieser lag jedoch versteckt in einer von mehreren Laden eines großen Pultes. Wie es der Zufall wollte, stand Freund Helmut dann zufällig vor dieser Lade – und war sehr erstaunt, als ich ihn vor Publikum ersuchte, die Lade zu öffnen und seinen – den einzigen roten – Umhang herauszunehmen. Er trug ihn dann auch stolz den ganzen Abend!
Wenn Sie heute zu den Heidenreichs kommen, informiert Sie beim soeben beschriebenen Raum ein Schild mit dem Hinweis: „Sie betreten ein Bild".
Übrigens habe ich selbst dort auch schon ein Fest gefeiert, und der Leser wird ahnen, daß es sich um keine gewöhnliche Feier gehandelt haben kann. Richtig, es war ein Chili-Fest!
Der Einfallsreichtum der Heidenreich´schen Küche macht es mir allerdings besonders leicht, dort voll auf meinen Geschmack zu kommen. Der hauseigene Bäcker fertigt auf Wunsch sogar Chilitorte oder Chilibrot an! Die Chilitorte ist cremig und wird mit Gervais gemacht, das Chilibrot ist ein köstliches Schwarzbrot mit Chilistücken darin. Keine

Einen dicken Panzer braucht man in meinem Beruf!

Angst, es ist nicht übermäßig scharf, und wenn Sie Glück haben, können Sie es dort für Ihren eigenen Bedarf bestellen!

Der Chili Club

Was wäre ein Star wie der Chili ohne Fanclub? Das habe auch ich mir gedacht – im Rahmen einer Pressereise auf die Malediven und nach Sri Lanka schritt ich daher mit Freunden zur Tat.
Das war 1991; ich machte damals für den ORF (genaugenommen für Radio Wien) die Sendung „Weltreisender in Musik" – eine touristische Informations- und Unterhaltungssendung, die ich 17 Jahre lang gestaltet habe. Jeden Mittwoch abend stellte ich die verschiedensten Fernziele vor. Im Mittelpunkt standen Kunst und Kultur des Landes, auch die jeweilige Musik sowie persönliche Reisetips, die zu einem Urlaub einfach dazugehören.
Damals waren wir jedenfalls in diesen Ländern unterwegs, und von fast jeder großen österreichischen Zeitung war ein Journalist dabei, um über Land und Leute zu berichten. Ich machte Interviews auf Tonband, die dann in Wien zu mehreren Sendungen zusammengeschnitten wurden.
Auf Sri Lanka wird ja – im Gegensatz zu den Malediven – sehr scharf gegessen, und infolge dieser herrlich feurigen Genüsse war nicht nur ich, sondern die gesamte Gruppe wild entschlossen, einen Chiliclub zu gründen. So geschah es dann auch!
In Wien wurde diese Idee konsequenterweise institutionalisiert: Wir gründeten einen Verein! Jene zehn Personen, die auf der Sri Lanka-Reise mit dabei waren, sind auch gleichzeitig die Gründungsmitglieder.
Noch auf den Malediven haben wir eigene Club-T-Shirts anfertigen lassen, auf die wir natürlich stolz sind. Das Wichtigste aber ist die Idee hinter der scheinbaren Insellaune: jeder Verein hat einen Vereinszweck! Und unser Verein, „The Imperial & Royal Chili Club" hat sich in den Statuten der Verbreitung des Chili als Heilpflanze verschrieben. „Reinheit durch Schärfe" ist das Motto der mittlerweile 30 Mitglieder zählenden Gruppe, die es Neulingen nicht leicht macht, dazuzustoßen. Neben Journalistenkollegen finden Sie heute Juristen, Ärzte, Werbemanager, Generaldirektoren, Künstler und einige Botschafter ferner Länder in unseren Reihen.
Wenn Sie je beabsichtigen, Chili Club-Mitglied werden zu wollen, müßten Sie sich schon auf einiges gefaßt machen. Die Grundvoraussetzung ist naheliegend: Sie sollten Freude an Chili mitbringen. Zunächst werden Sie von einem Mitglied vorgeschlagen, wobei alle dem Vorschlag zustimmen müssen. Dann werden Sie zu einem Clubmeeting in einem Restaurant mitgenommen und vorgestellt. Ist diese Hürde geschafft, wird es ernst. Ein eigenes Ritual schreibt nun vor, im Rahmen der Aufnahmezeremonie insgesamt sieben Chilis zu verspeisen. Dazu nehmen Sie einen grünen Chili in die rechte Hand. Er wird zunächst auf der Tischplatte nach vor und zurück gerollt, von der rechten in die linke Hand geworfen und freihändig gefangen.

Foto: Groh

T-Shirt, Krawatte und Halstuch des „Imperial & Royal Chili Clubs"

Wehe, sie erwischen den Chili nicht! Denn das bedeutet pro gescheitertem Fangen, einen Chili mehr essen zu müssen, was bei sieben vorgeschriebenen Chilis wirklich nicht leicht ist.
Dann betrachten Sie das Objekt Ihrer scharfen Begierde und sprechen es liebevoll an. Diese Ansprache ist ein humorvolles Bekenntnis zum Chili – und der Phantasie sind keine Grenzen gesetzt. Eines unserer Mitglieder etwa gab folgenden Sinnspruch zum besten:
„Dich zu lieben bin ich verdammt;
ich pinkle Deinen Namen in den Schnee –
vor dem Standesamt."

Und dann folgt der eigentliche Genuß: der zärtliche Verzehr der Chilischote. Aber bitte mit Gefühl, ganz so, als hätten Sie eine schöne Frau oder einen feurigen Liebhaber vor sich! Der Genuß eines Chili hat nämlich gewiß auch einen erotischen Aspekt – zumindest unter uns Chilijüngern.
Unseren Club haben wir „The Imperial & Royal Chili Club" getauft – und wie jeder Club haben wir auch eine eigene Diktion. Die Anrede lautet „Lieber Freund in Chili" und die Verabschiedung natürlich – na, wie? – „Chili, Chili"!

Scharfes vom Intercont

Unser lieber Freund Manfred Buchinger, der begnadete Haubenkoch aus dem Wiener Inter Continental – übrigens ein wundervolles Hotel, dessen Vorzüge ich schon bei zahlreichen Veranstaltungen genießen durfte – hat so seine eigenen Erfahrungen mit dem Club gemacht.
Eines Tages hatten wir in der Küche des Inter Cont ein fulminantes Essen, insgesamt neun Gänge, und alles mit Chilis! Sogar das Dessert bestand aus einem milden, eisgekühlten Schokolade-Chili, der mit Schokoladenmousse gefüllt war. (Der Trick dabei: Die Chilischoten wurden mit der Glasur überzogen und danach kurz in Eiswasser getaucht. Anschließend konnte man die Schote entfernen – das Ergebnis war eine verblüffend echt aussehende Schokoladenschote als zarte Hülle, in der man noch einen Hauch von Chiligeschmack spürte). Manfred sorgte für das gesamte Menü, ließ aber die Clubmitglieder auch selber kochen: etwa die sautierten Filetwürfel, die brennend serviert wurden – ein heißer Spaß für alle Beteiligten, der noch dazu köstlich schmeckte!
Uns zog es aufgrund dieser unvergeßlichen Erlebnisse ein zweites Mal ins Inter Cont, wo wir wieder ein scharfes Essen – diesmal im Heizhaus! – veranstalteten. Unter anderem wurden gebratene Chilispießchen gereicht, und mir läuft jetzt noch das Wasser im Munde zusammen, wenn ich an all diese Köstlichkeiten denke.
Manfred Buchinger jedenfalls wurde schon alleine durch das Zubereiten all dieser Spezialitäten ein verdienter Chili-Ritter!
Was lag also näher, als ihn zu einer Feuertaufe einzuladen?
Die Aufnahmezeremonie war für ihn ein besonderes Erlebnis, das er mir kurze Zeit später recht eindrucksvoll aus seiner Sicht schilderte.

Foto: Groh

Geschafft! Haubenkoch Manfred Buchinger hat soeben 7 Chilis „vernascht"...

„Es war heißer als Feuer. Zu Hause esse ich ja auch scharfe Sachen, zum Beispiel Sambol, ein indisches Pfefferoni-Gewürz aus gedünstetem Pfefferoni mit Zwiebel und Knoblauch. Also kann man ruhig sagen, daß ich etwas für Schärfe übrighabe. Aber das war Mord. Mir ist es so schlecht gegangen – das war so schlimm, daß sich meine Ohren förmlich eingerollt haben! Von der Schärfe her waren es ja „nur" 9er statt der schärfsten Chilisorte, aber i hab´ trotzdem geglaubt, i stirb. Mir hat alles schon so weh getan, daß mich nur der Tip mit dem ungesalzenen weißen Reis gerettet hat, den ich gleich danach gegessen habe.
Dann noch ein Bier, denn kaltes Bier macht milden Mund!
Der Chili ist ja wirklich faszinierend. Er nimmt dir für den ganzen restlichen Tag den Geschmack für andere Dinge – und man erinnert sich auch später noch an ihn, denn er brennt doppelt: sowohl beim Zuführen als auch beim Verlassen des Körpers!"
Soweit unser leidgeprüfter Kollege Buchinger, übrigens das einzige Clubmitglied, das eine Chilihose hat! Eine angenehm weite Pluderhose, ganz in rot gehalten, die es in den USA als Kochhose zu kaufen gibt. Bei meinem nächsten Amerikabesuch werde ich mir sicher auch so ein Exemplar besorgen!
Übrigens: Im Inter Cont steht immer ein scharfes Gericht auf der Karte. Meist ist es etwas Thailändisches – eine Speise, in der jedenfalls grüne Chilis enthalten sind. Gerne wird natürlich auch das berühmte „chili con carne" gegessen, über das ich Ihnen schon ausführlich berichtet habe.
Mit Gerichten, Rezepten und Zubereitungstips möchte nun auch ich Sie verwöhnen. Ich hoffe, Sie hatten an meinen Geschichterln ein wenig Spaß und genießen jetzt das eine oder andere Küchengeheimnis, das Sie auf den nächsten Seiten erwartet.
Wenn Sie bereits ein Chili-Verehrer sind, werden Sie vielleicht einige Kostbarkeiten entdecken.
Sind Sie aber ein Neueinsteiger, so hoffe ich, daß Sie bald ähnliche Freude am scharfen Geschack empfinden werden, wie ich selbst!

Dies wünscht sich und Ihnen mit einem herzlichen „Chili, Chili!"
Ihr

Günther Frank

Endlich privat!

Unsere Buchempfehlung

Vor Ihnen liegen nun viele Seiten köstlicher Chili-Genüsse, für die wir Ihnen guten Appetit und vor allem Freude beim Nachkochen wünschen.
Bei dieser Gelegenheit wollen wir Ihnen aber einen Hinweis auf unsere Serie nicht vorenthalten. In gleichem Format und ähnlicher Aufmachung gibt es auch das Kaffeebuch für Genießer:
„**Das ist mein Kaffee**" von Prof. Fritz Muliar.
In diesem liebevoll gemachten Buch schildert der große Schauspieler, überzeugte Österreicher und leidenschaftliche Kaffeetrinker alles, was sich über die kleine braune Bohne und das köstliche „schwarze Gift" erzählen läßt. In diesem Buch finden Sie nicht nur viele Erinnerungen an große und kleine Stationen in Muliars bewegtem Leben, sondern auch köstliche Anekdoten und Geschichten zum Schmunzeln. Sehr viel Persönliches ist eingefangen in den Erzählungen rund um den Kaffee:
Hinterhofszenen beim Onkel, erste Kaffee-Erfahrungen in der Kindheit, Theatergeschichten und Reiseerlebnisse; „Kaffee und Glauben" kommen ebenso vor wie pointierte Bemerkungen zum Kaffee und der Liebe.
Erstaunlich, was einem Menschen alles zum Thema „Kaffee" einfallen kann! Photographien aus dem Privatarchiv des Schauspielers machen das Lesevergnügen perfekt.

Für Kaffeegenießer ist auch der Rezeptteil des Buches gedacht: herrliche Mehlspeisen, köstliche Getränke und spezielle Tips, garniert mit erstklassigen Photos, lassen beim Kaffeefreund keine Wünsche offen.
Ein ideales Geschenk – nicht nur für Kaffeeschwestern!

Das Kaffeebuch für Genießer
Fritz Muliar: Das ist mein Kaffee
Verlagsbuchhandlung Pichler
168 Seiten

CHILI & CO

MANCHE MÖGEN`S SCHARF

REZEPTE

Chili-Rezepte

Chili-Vorspeisen

Chili-Hauptspeisen

Scharf kochen ohne Fleisch

Aller Anfang ist... scharf!

Bevor ich Ihnen meine Lieblingsrezepte mit Chili verrate, sollten Sie eines wissen:
Schärfe tut gut – und ist sogar gesund.

Auch die Nicht-Profis der scharfen Küche wissen um die feurigen Möglichkeiten, ein Gericht zum Prüfstein sämtlicher Geschmackspapillen zu machen.
Für Mild-Genießer ist es allerdings völlig unverständlich, wie man ein perfekt gekochtes Menü mit voller Absicht und dem Inhalt von nur ein oder zwei gestrichen vollen Teelöffeln zur höllisch scharfen Zungen- und Gaumenqual verändern kann! Denn sie wissen nicht, was sie tun…

Oh, doch – Sie wissen es sehr genau. Denn Schärfe tötet nicht den Geschmack, ganz im Gegenteil: es gibt eine Menge Rezepte, in denen etwa feine Meeresfrüchte und scharfe Chilischoten perfekt hamonieren. Ein gutes Beispiel dafür ist die thailändische Kung Tom Yam, eine Garnelensuppe, die drei grüne Chilis verträgt, und trotzdem wird der Eigengeschmack der Riesengarnelen nicht verdrängt.

Frisch und scharf: zwei Zauberworte, die bei Liebhabern feuriger Gerichte eine wahre Assoziationskette angenehmer Empfindungen hervorrufen. »Scharf« bedeutet aber für einen guten Teil der Bevölkerung auch gleichzeitig »ungesund«, und gerade dem Chili wird diesbezüglich oft grobes Unrecht getan. So hat die kleine Schote bei vielen Menschen den Ruf, nach häufigerem Genuß Magengeschwüre hervorzurufen. Wie eine aktuelle Studie beweist, ist gerade das Gegenteil der Fall!

Im renommierten »**New England Journal of Medicine**« stand in der Ausgabe 3/ 95 zu lesen, was begeisterte Chili-Genießer ohnedies schon längst zu wissen glaubten:
Unter der Überschrift »**Chili – ein Schutzfaktor gegen Magengschwüre**« wird der Erfolg einer in China durchgeführten Versuchsreihe geschildert. Zwei Gruppen von Patienten wurden in regelmäßigen Abständen über ihre Lebensumstände, Gewohnheiten, Ernährung, etc. befragt. Jene Patienten, die durchschnittlich 24 Mal (834 »units«) pro Monat Chili zu sich nahmen, hatten so gut wie keine Probleme mit dem Magen. Die andere Gruppe aber, die gar nicht oder nur sehr mäßig mit Chili würzte (etwa 8 Mal im Monat bzw. 312 »units«), hatte eine überproportional hohe Magengeschwür-Rate aufzuweisen! Der Schluß liegt also nahe, daß Chili-Esser gleichzeitig etwas für ihre Gesundheit tun.

Die chinesischen Ärzte jedenfalls wollten's genauer wissen und starteten eine Versuchsreihe mit Capsaicin, dem im Wesentlichen für die Schärfe verantwortlichen Alkaloid in der Chili-Schote. Was bei den Befragungen der menschlichen Patienten verblüfffte, zeigte sich auch bei den (gänzlich unbeeinflußbaren) magenkranken Ratten. Das als Medikament verabreichte Capsaicin bewirkte nicht nur eine erhöhte Produktion des für die geregelte Verdauung notwendigen Magensaftes, sondern auch eine deutliche Verbesserung der Magenschleimhaut.

Kein Wunder also, wenn man sich in diesem Zusammenhang auch an ein Interview mit Frau Univ. Doz. Dr. Brigitte Dragosics erinnert. In der angesehenen »Ärzte Woche« spricht sie über Maßnahmen gegen lästiges Sodbrennen (in der Fachsprache auch »Reflux« genannt). Einer ihrer Kernsätze: »Man sollte säure-sekretionssteigernde Stoffe unbedingt meiden; das sind unter anderem auch viele Gewürze wie Salz, Pfeffer und Paprika. Nur Pfefferoni ist gut für den Magen!«

Na also. Wer darf, ißt scharf. »Was will i? A Chili!« meint der gelernte Wiener.
Und wenn schon nicht für die Gesundheit, dann eben aus Freude am Geschmack! Aber das ist sowieso der schönste Grund, die köstlichen Schoten so oft wie möglich zu genießen…

Wer die Schärfe liebt,...

...kennt also auch mit Sicherheit all die feinen, würzigen und oft farbenfrohen Saucen, mit denen einfache Mahlzeiten zu exotischen Spezialitäten werden.

Die Namen dieser vielseitigen Gaumenfreuden sind allgemein bekannt.
Aber wissen Sie auch, was jeweils dahinter steckt? Zum Beispiel bei...

TABASCO: ein Fertigprodukt mit besonderer Geschichte.
Auf der Flasche selbst ganz einfach als »Pepper Sauce« bezeichnet, hat diese weltweit verwendete scharfe Würze bereits eine lange Vergangenheit.Der Name selbst stammt vom einmal bedeutenden Handelshafen Tabaso in Mexico. Der Entdecker der für die Sauce notwendigen, kleinen roten Schoten hieß Edmund Mc Ilhenny.
Nach dem Krieg zwischen Nord- und Südstaaten heimgekehrt, sah Mr. Mc Ilhenny in seinem Garten auf der hügeligen Insel Avery eine anscheinend unverwüstliche Pflanze stehen, die er, wie er sich erinnern konnte, bereits 1848 von einem guten Freund aus New Orleans geschenkt bekommen hatte.
Gemeinsam mit seiner Frau bereitete er nun, 20 Jahre später, aus den prallen, roten Früchten eine Sauce, die im Freundeskreis großen Anklang fand. Aus den anfangs in kleinen Fläschchen verschenkten Kostproben wurde binnen kürzester Zeit ein echter kulinarischer Renner! Noch heute ist die Insel Avery samt der darauf wachsenden Köstlichkeiten im Besitz der Familie Mc Ilhenny – ebenso, wie sie nach wie vor das Zentrum der Tabasco-Herstellung ist, die übrigens noch genauso wie im Jahre 1868 verläuft.

HARISSA: höllisch scharfe Würzpaste aus Nordafrika.
Sie ist gleichzeitig auch wichtiger Bestandteil der israelischen Küche, und tatsächlich gibt es dort kaum eine Mahlzeit ohne Harissa. In den Restaurants des Landes steht sie ebenso selbstverständlich am Tisch wie Salz und Pfeffer bei uns. Harissa kann heute als Fertigprodukt gekauft werden – doch der unvergleichliche Geschmack der frisch zubereiteten Sauce bezw. Paste sollte zumindest einmal probiert werden – siehe Rezeptteil.

SALSA: Ursprungsland Mexico.
Nicht ganz Sauce, eher eine scharfe Gemüsepaste mit intensivem Aroma. Paßt sich allen Salatsorten gut an: die »Salsa Mexicana«. Sie sollte nur ganz frisch zubereitet serviert werden, was sich aus den Zutaten erklärt: vollreife Tomaten, scharfe Chilis, Zwiebeln, Zitronensaft, Salz und etwas Koriander. Genaueres im Rezeptteil!

GUACAMOLE: typisch mexikanisch – eine Gemüsepaste mit Avocados.
Frisch, scharf und köstlich! Am besten mit knusprigem Weißbrot genießen. Wie's gemacht wird (ganz einfach übrigens), steht im Rezeptteil.

Hätten Sie's gewusst?

Bevor Sie's zum ersten Mal wagen, Chilis in Ihren Lieblingsspeisen zu verwenden, wären einige Tips zur richtigen Verabeitung angebracht.

Vor allem: Tragen Sie immer Kunststoff- oder Gummihandschuhe bei der Arbeit! Nur so können Reizungen von Augen oder Haut (durch unbedachte Handbewegungen) ausgeschlossen werden. Dies gilt für frische Schoten ebenso wie für die getrockneten.

Frische Chilis werden oft »gehäutet« verwendet. Dies geschieht am besten so: Eine schwere (Gußeisen)pfanne wird bei mittlerer Hitze erwärmt. Darin werden nun die Schoten ohne weitere Zutat so lange schonend geröstet, bis sie mit feinen, braunen Bläschen überzogen sind. Sofort aus der Pfanne heben und in einen Frischhaltebeutel füllen, wie er auch fürs Tiefkühlen verwendet wird. Fest verschließen und die Schoten darin ausdampfen lassen. Nach etwa 10 Minuten kann von den Chilis unter fließendem Wasser die Haut abgezogen werden; Wo sich die Haut nur schwer löst, wird mit einem scharfen Messer nachgeholfen.

Grüne Chilis werden gerne als perfekte Scharfmacher für Salate, Gegrilltes oder Nudelgerichte verwendet. Dazu müssen die kleinen Schoten nur gut gewaschen und anschließend in hauchdünne Ringe geschnitten werden. Sparsam verwendet, ergibt sich ein köstlich-pikanter, vor allem aber unverwechselbarer Geschmack!

Samen und Scheidewände entfernen:
Zuerst wird der Stiel mit einem kleinen Teil vom Stielansatz abgeschnitten; dann wird der Chili mit einem scharfen Messer der Länge nach aufgeschlitzt, sodaß die Schote auseinandergeklappt werden kann. Nun können Sie Scheidewände und Samen ganz leicht herausschaben! Eventuelle Reste werden unter fließendem Wasser entfernt. Die so geputzte Schote ist einsatzbereit!

Getrocknete Chilis. Praktisch, weil immer verfügbar, und eine gute Alternative zu den frischen Chilis. Vielleicht sind die Schoten zu trocken und brechen, noch bevor Samen und Scheidewände entfernt werden können. Kein Problem: einfach vorher rösten oder in klarem Wasser einweichen!

Samen und Scheidewände entfernen:
Verschmutzungen vom Trocknen können durch Waschen unter fließendem, kalten Wasser entfernt werden. Die sauberen Chilischoten läßt man dann auf einem Gitter nebeneinander abtropfen. Anschließend die Stiele unterhalb des Stielansatzes abschneiden; bei Bedarf in einer schweren, erhitzten Pfanne trocken rösten – die Chilis blähen sich dabei auf.
Nun können sie wie frische Schoten behandelt werden: also der Länge nach aufschlitzen, auseinanderdrücken und Samen sowie Scheidewände mit den Fingern (Handschuhe!) herausstreichen.

Meine Chili-Lieblingsspeisen...

... sind ein bunt gemixter Spaziergang durch scharfe kulinarische Genüsse.

Das bedeutet aber nicht, daß ich diese Gerichte auch perfekt kochen kann. Im Gegenteil: Ich lasse mich – auch beim Essen – nur allzu gerne verwöhnen! Die Mitglieder des Chili-Clubs wissen das ganz genau – auch meine Gourmet-Freunde der Herrenrunde im Top-Restaurant Sailer in Wien 18. Dieser ausgewählte Kreis trifft sich einmal im Monat, um kulinarischen Genüssen zu frönen – aber nicht, um Freßkultur zu zelebrieren. Schlußendlich werden die einzelnen Gänge exquisiter Menüs nach Zusammenstellung und Konsistenz der Speisen geprüft und mit Punkten bewertet.

Darum freue ich mich auch immer wieder auf ein gemütliches Abendessen in kleiner Runde, besonders, wenn es »scharfe Neuigkeiten« gibt. Denn die Ideen zu köstlichen Gerichten mit Chili sind ausgesprochen vielfältig! Kein Wunder also, daß mir die Auswahl daraus für dieses Buch recht schwer gefallen ist. Am liebsten hätte ich sie alle verewigt, die großen, feurigen Tafelfreuden und kleinen, raffinierten Schmankerln. Aber dann wäre dies hier ein reines Kochbuch geworden, und dazu fühle ich mich – als nur selten am Herd stehender Hobbykoch – nun doch nicht berufen.

Gerade deshalb sind die folgenden Seiten vor allem jenen Gerichten gewidmet, die problemlos nachzukochen sind und nicht »aus der Reihe« tanzen. Denn was haben Sie davon, wenn ich originelle »gefüllte Bananenblätter mit Chili« anbiete, von denen ich genau weiß, daß sie hier gar nicht zu bekommen sind? Obwohl ich mit diesem Gericht wunderbare Erinnerungen an Grenada und die Karibik verbinde...

Sei's drum: Wer gerne kocht, wird seine Freude mit den folgenden Rezepten haben.

Wer gerne ißt, noch viel mehr! Und wer Chili so sehr liebt wie ich, kann an den schärfsten Seiten dieses Buches ohnedies nicht vorbeiblättern, ohne Lust auf diese Gaumenkitzler zu bekommen.

Abschließend noch eine kleine Bitte:
Wenn Ihre gesamte Familie schwer unter Ihrer Liebe zur Schärfe leidet, dann versuchen Sie doch einen Kompromiß! Es gibt eine Menge Rezepte, bei denen Sie Chili einfach weglassen können, und das Ergebnis ist trotzdem sehr gut eßbar.
Ohne den gewissen Kick, der die Mahlzeit erst so richtig lustvoll macht, ist es aber für Sie nur das halbe Vergnügen. Also fügen Sie die Chili-Schote oder den Cayennepfeffer erst zum Schluß und nur Ihrer eigenen Portion bei! Die anderen werden dankbar sein, und das berühmte »chaqu'un à son goût« (Leitspruch des Prinzen Orlowski in seinem Lied: »Ich lade gern mir Gäste ein« aus der Johann Strauß-Operette »Die Fledermaus« – wie oft und gerne habe ich diese Partie gesungen!) hat einmal mehr seine Berechtigung.

In diesem Sinne: Guten Appetit mit Chili!

Frisch und scharf: Saucen und Pasten mit Chili

So haben es Chili-Freunde am liebsten: Frisch zubereitete Spezialitäten, die auf der Zunge brennen und für feurige Abwechslung sorgen.

Gerade bei scharfen Saucen und Pasten ist die Auswahl an fertigen Produkten besonders groß. Gegen diese »convenience products« ist auch absolut nichts einzuwenden. Wer aber einmal seine »**Harissa**« oder »**Salsa**« selbst frisch zubereitet hat, lernt den Unterschied im Geschmack sowohl pur als auch in Kombination mit verschiedenen Gerichten zu schätzen.

Die benötigten Chilisorten sind fast alle auch in unseren Breiten zu bekommen!
Wichtiges Detail am Rande: Wer seine Chilisaucen selbst zubereitet, lernt gleichzeitig auch richtig mit Chilis umzugehen – und Respekt zu haben vor deren naturgegebener Schärfe.

Für Profis wie für Einsteiger gleichermaßen geeignet: Die Zubereitung der nordafrikanischen »**Harissa**«. Nicht umsonst ist diese Gewürzpaste weit über die Grenzen von Tunesien, Marokko und Libyen hinaus bekannt.

Harissa

12 dag frische, rote holländische Chilis (oder 4 dag getrocknete Chilis)

3 Knoblauchzehen
1/2 TL gemahlener Kümmel
1 TL Koriandersamen
1 TL Salz
2 rote Paprikaschoten
2-3 EL Olivenöl
2-3 EL Essig

Chilis aufschlitzen und Scheidewände so wie Samen entfernen. Die Hälfte der Chilis wird zusammen mit **Knoblauch, Kümmel, Koriander** und **Salz** möglichst fein zerrieben. Traditionell geschieht das mit einem Mörser, es kann aber auch eine Küchenmaschine dafür verwendet werden (in diesem Fall sollte aber nicht zu fein püriert werden!).

Die **roten Paprika** häuten und putzen; dann das Fruchtfleisch in kleine Stücke schneiden und zusammen mit den restlichen Chilis im Mörser zerreiben.

Zum Schluß **Olivenöl** und **Essig** hinzufügen und alles zu einer gut **streichfähigen Paste** verrühren.

Grün & Rot

Die Lieblingsfarben aller Chilifreunde!

Was gibt es Schöneres, als in farbenfrohen Genüssen zu schwelgen – denn das Auge ißt mit. Zwischen Gelb, Orange, Rot bis Feuerrot sowie Grün und in getrocknetem Zustand sogar Schwarz reicht die beachtliche Farbskala der Chilischoten.

Für echte Fans ein absolutes Muß, für Neueinsteiger in Sachen Chili absolut empfehlenswert – weil nicht nur respekteinflößend scharf, sondern auch typisch für kleinen Schoten: **Grüne und rote Chilisauce**.

Grüne Chilisauce

Die folgenden Zutaten als idealen Begleiter zu Fleisch oder Fisch sämig einkochen; als Dressing für Rohkost oder Blattsalate kann die Mischung roh verwendet werden.

15 dag (türkische) mittelscharfe grüne Chilis
15 dag Tomaten, gehäutet und gewürfelt
4 dag Zwiebel, gehackt
1 Knoblauchzehe, gepreßt

1/2 TL Salz
weißer Pfeffer, frisch gemahlen
1 EL Korianderblätter
1 EL Öl

Chilis häuten (siehe Einleitung dieses Kapitels), aufschneiden und Scheidewände sowie Samen entfernen. Fruchtfleisch schneiden und zusammen mit **Tomaten, Zwiebeln, Knoblauch, Koriander** und **Salz** im Mixer pürieren – aber nicht zu fein! Mit Pfeffer abschmecken, zum Schluß das **Öl** unterrühren. Etwa 5 Minuten kochen, bis eine **sämige Konsistenz** erreicht ist.
Die Sauce ist perfekt, wenn die jeweiligen Zutaten herausgeschmeckt werden können.

Rote Chilisauce

12 dag rote Chilis (frisch, mittelscharf, oder 4 getrocknete chiles anchos)

1/2 kg Tomaten, gehäutet und geviertelt
8 dag Zwiebel, gehackt
1 Knoblauchzehe, gepreßt

1 TL Zucker
1 TL Salz
1 EL Pflanzenöl

Chilischoten wie im vorigen Rezept vorbereiten und klein schneiden. **Tomaten** im Mixer fein pürieren, die Hälfte des Pürees abgießen und beiseite stellen. Chili-Fruchtfleisch, **Zwiebel, Knoblauch, Zucker** und **Salz** zum restlichen Tomatenpüree in den Mixer geben und sehr fein pürieren.
Diese Mischung gemeinsam mit dem restlichen Tomatenpüree in einen Saucentopf geben, dann das **Öl** daruntermischen. Unter ständigem Rühren bei mittlerer Hitze so lange kochen, bis die Sauce leicht eingedickt ist (dauert ca. 10 Minuten). Abgekühlt zu Gemüse, Fleich oder Fisch servieren.
Nicht nur in Mittelamerika sehr beliebt!

Mexico kocht scharf

Sicher haben Sie schon von »**Salsa**« und »**Guacamole**« gehört – und vielleicht verbinden Sie damit wunderschöne Urlaubserinnerungen?

Nicht nur scharf, sondern vor allem auch frisch sollen die Saucen sein, lautet die Devise. Nur so können die einfachen, aber wirkungsvollen Zutaten ihr volles Aroma entfalten. Am besten, Sie probieren sie schon heute, die

Salsa Mexicana

20 dag reife Tomaten
5 grüne, scharfe Chilis

10 dag Zwiebeln, fein gehackt
1 EL Zitronen- oder Limettensaft
1-2 EL Korianderblätter, gehackt
1 TL Salz

Tomaten samt Haut und Kernen fein würfeln. **Chilis** waschen, Scheidewände und Samen entfernen. Das Fruchtfleisch sehr fein schneiden.
Tomaten- und Chilifleisch mit **Zwiebeln** sowie dem **Zitronensaft** vermischen, zum Schluß mit Koriander und Salz abschmecken.

Guacamole

4 große, reife Avocados
4 grüne, scharfe Chilis

8 dag Zwiebeln, fein gehackt
1-2 EL Korianderblätter, fein gehackt
1/2 TL Salz

Garnieren mit:
2 dag Zwiebeln, fein gehackt
1/2 Tomate, klein gewürfelt
5 Stengel Koriander

Geschälte **Avocados** halbieren und den Kern entfernen. **Chilis** waschen, Scheidewände und Samen entfernen, klein schneiden. Avocados im Mörser zu Brei verarbeiten; Chilifleisch, **Zwiebeln** und **Koriander** daruntermsichen und ebenfalls zu dicker Pürree-Konsistenz bringen. Salzen und mit der oben beschriebenen Garnitur sofort servieren.
Schmeckt besonders gut auf frischem Weißbrot!

Ein Tip: Avocados unbedingt im Mörser oder mit der Gabel zerdrücken, nicht im Mixglas pürieren! Die Guacamole muß, wenn sie typisch sein soll, kleine Avocadostücke enthalten. Wenn sie nicht sofort auf den Tisch gebracht wird, bis zum Servieren wieder die Kerne daruntermengen – damit wird das Braunwerden des Avocadopürees verhindert.

Geeiste Paradeiser-Paprikasuppe

Zutaten für 4 Portionen
(1 Portion enthält nur 625 Kjoule oder 150 Kcal!)

1 rote Chilischote
3/4 kg Paradeiser
1/2 Salatgurke
3 Paprika
(am besten in verschiedenen Farben)

1 Zwiebel
2 Zehen Knoblauch
2 Scheiben Toastbrot
1/4 l Paradeissaft

Salz, Pfeffer, Essig, Olivenöl

Chili waschen, aufschlitzen, von Scheidewänden und Kernen befreien, dann in hauchdünne Streifchen schneiden. Strünke aus den **Paradeisern** schneiden, Paradeiser ca. 10 Sekunden in kochendes Wasser legen, kalt abschrecken, enthäuten, vierteln, entkernen. **Gurke** schälen, **Paprika** waschen und halbieren. Gurke und Paprika entkernen und in kleine Würfel schneiden.

Jeweils einen gehäuften Eßlöffel von Gurken, Paprika und Weißbrot für die Einlage reservieren.

Übriges Gemüse mit Salz, Pfeffer, zerdrücktem Knoblauch, einem Spritzer Essig sowie 1 EL Olivenöl vermischen und zugedeckt 1 Stunde im Kühlschrank marinieren lassen.

Inzwischen **Toastbrot** entrinden, in kleine Würfel schneiden und in 1 EL Butter goldbraun braten. Auf Küchenkrepp gut abtropfen lassen.

Mariniertes Gemüse am besten in einer Küchenmaschine mit Faschieraufsatz **pürieren**, eventuell mit etwas Rindsuppe oder Wasser verdünnen. Mit einem Stabmixer aufschlagen, in Tassen abfüllen und eventuell nochmals kühlen.

Mit geröstetem Brot bestreut servieren.

Geeiste Paradeiser-Paprikasuppe

UNGARISCHE KRAUTSUPPE

Zutaten für 8 Portionen

1 kg Sauerkraut
30 dag Selchfleisch
30 dag Hamburgerspeck

2 Becher Sauerrahm
4 EL glattes Mehl

2 l Suppe (evtl. Würfel)

4 EL Paprikapulver (scharf)
1/2 TL Cayennepfeffer
2 EL Paradeismark
40 dag Zwiebeln
8 Zehen Knoblauch

Schmalz
Salz, Pfeffer, Kümmel, Mehl
Chilischote zum Garnieren

Vom **Speck** die Schwarte wegschneiden und Knorpel ausschneiden. **Speck und Selchfleisch** in Würfel mit ca. 1/2 cm Kantenlänge schneiden. **Zwiebel** schälen und fein hacken.

Sauerkraut ein paar Mal durchschneiden, falls es sehr scharf ist, vor der weiteren Verarbeitung ein wenig wässern.

In einem Topf ein wenig **Schmalz** erhitzen, Speck und Selchfleisch darin knusprig anbraten, auf ein Sieb schütten und gut abtropfen lassen.

Im **Bratenrückstand** Zwiebel unter ständigem Rühren goldgelb rösten. Hitze reduzieren, **Paprikapulver** und **Paradeismark** einrühren und mit **Suppe** aufgießen. Diesen Ansatz mit Salz, Pfeffer, Kümmel und Knoblauch abschmecken und aufkochen. Kraut, Selchfleisch und Speck beigeben, alles gut durchmischen und ca. 1/4 Stunde kochen lassen.

1 1/2 Becher **Sauerrahm** mit **Mehl** vermischen, in die Suppe rühren und noch ein paar Minuten köcheln lassen. Suppe eventuell nochmals abschmecken und in vorgewärmten Tellern anrichten.

Vor dem Servieren mit der in hauchdünne Ringe geschnittenen **Chilischote** sowie dem restlichen Sauerrahm dekorieren.

Ungarische Krautsuppe

Gulaschsuppe

Zutaten für 8 Portionen

1 kg Rindfleisch (Wadschunken)

60 dag Zwiebeln
6 dag Paprikapulver (edelsüß)
1/2 TL Cayennepfeffer
2 EL Paradeismark
5 Zehen Knoblauch
3 l Rindsuppe

Für die Einlage:
1 große Dose weiße Bohnen
2 Paprika (grün und gelb)
1/2 Bund Petersilie
40 dag speckige Erdäpfel

Öl, Salz, Pfeffer, Majoran, Kümmel, Essig

Zwiebeln schälen und in feine Scheiben schneiden. **Paprika** der Länge nach durchschneiden, Kerne und Strünke entfernen. Paprika waschen und kleinwürfelig schneiden.

Erdäpfel schälen, in Würfel mit ca. 1/2 cm Kantenlänge schneiden. Erdäpfel und Paprika nacheinander in leicht gesalzenem Wasser bißfest kochen, abseihen, abschrecken und abtropfen lassen.

Rindfleisch in Würfel mit einer Kantenlänge von ca. 1 1/2 cm schneiden. Ca. 1/8 l Öl erhitzen, Fleisch zugeben, anrösten und herausheben. Im Bratfett Zwiebeln unter ständigem Rühren goldgelb rösten, Paprikapulver und Paradeismark einrühren und sofort mit einem Spritzer Essig ablöschen. (Wenn man Paprikapulver zu lange röstet, wird es bitter.)

Suppe zugießen, mit Salz, Pfeffer, gemahlenem Kümmel, Majoran und zerdrücktem Knoblauch würzen. Suppe aufkochen und mit einem Stabmixer kurz pürieren. (Die pürierten Zwiebeln binden die Suppe – zu langes Pürieren allerdings gibt der Suppe einen unerwünschten süßlichen Geschmack!)

Fleisch zugeben und auf kleiner Flamme weichkochen (dauert ca. 40 Minuten).

Bohnen abseihen und abtropfen lassen. Gegen Ende der Garzeit Bohnen, Paprika und Erdäpfel zur Suppe geben und erwärmen. Petersilie waschen, hacken und vor dem Anrichten auf die Suppe streuen.

GULASCHSUPPE

TOFU-GEWÜRZBÄLLCHEN

Zutaten für 4 Portionen
(oder 8 Portionen als Vorspeise)

40 dag Tofu

1 kleine Zwiebel
4 Zehen Knoblauch
1 grüne Chilischote
4 dag Kokosett (= Kokosraspel)
1 Zitrone (unbehandelt)
2-3 EL glattes Mehl
1 EL gehackte Petersilie
1 Bund Schnittlauch

Salz, Muskatnuß, Koriander, Rosenpaprika, Cayennepfeffer, Sojasauce, Honig, Öl

Den **Tofu** pressen und mit einer Gabel fein zerdrücken. **Schnittlauch** waschen und fein schneiden. **Chili** putzen und fein hacken. **Zwiebel** und **Knoblauch** schälen, ebenfalls fein hacken.

Zitrone waschen, abtrocknen und die Hälfte der Schale abreiben.

Tofu, Kokosett, Zwiebel, Knoblauch, Zitronenschale, 1 TL Honig, 2 EL Sojasauce, 1/2 TL Rosenpaprika, 1 Prise scharfen Paprika, geriebene Muskatnuß, gemahlenen Koriander, die Kräuter und etwas Salz zu einer festen, **geschmeidigen Masse** verkneten.

Aus der Masse **kleine Bällchen** formen (Durchmesser 3–4 cm) und in Öl schwimmend rundum goldbraun und knusprig backen. Tofubällchen aus der Pfanne heben und gut abtropfen lassen.

Dazu serviert man Ananas-Chutney und Rot-Gelbes-Gemüse:

FÜR DAS CHUTNEY

1/2 frische Hawaii-Ananas (ca. 30 dag) schälen und kleinwürfelig schneiden. Ananas mit 1 EL braunem Zucker, 1/8 l Wasser, 2 frischen roten Chilischoten, 1 Gewürznelke, geriebener Muskatnuß und eventuell 1 Prise Kardamon ca. 1/2 Stunde zugedeckt kochen.
Sauce nach Belieben mit den ganzen Fruchtstücken servieren oder mit einem Stabmixer pürieren.

FÜR DAS GEMÜSE

2 rote und 2 gelbe Paprika längs halbieren, Kerne und Strünke entfernen. Paprika waschen und in feine Streifen schneiden. 30 dag Paradeiser von den Strünken befreien, ca. 10 Sekunden in kochendes Wasser legen, kalt abschrecken und danach die Haut abziehen. Paradeiser in Spalten schneiden.

1 Zwiebel und 4 Zehen Knoblauch schälen und fein hacken. Knoblauch und Zwiebel in 2 EL Öl anbraten, 1 TL Currypulver einrühren und die Paprika zugeben; salzen. Gemüse unter öfterem Umrühren ca. 6 Minuten braten. Paradeiser zugeben und nochmals 5 Minuten köcheln lassen. Gemüse eventuell mit frischen, kleingeschnittenen Korianderblättchen garnieren. Als zusätzliche Beilage paßt am besten Naturreis.

TOFU-GEWÜRZBÄLLCHEN

Scharfe Fleischröllchen mit Minze und Schafkäse

Zutaten für 5 Portionen à 4 Stück

ca. 60 dag Faschiertes
4 Scheiben Toastbrot
10 dag Schafkäse

1 kleine Zwiebel
4 Zehen Knoblauch
1 Paradeiser

1 EL Topfen (10% Fettgehalt)
2 Dotter
1/2 Bund Minze (evtl. getrocknet)
Schale von 1/2 Zitrone (unbehandelt)

Salz, Pfeffer, Chilipulver,
Öl, Milch

Toastbrot entrinden, mit wenig Milch beträufeln und ziehen lassen.

Strünke aus den **Paradeisern** schneiden, Paradeiser ca. 10 Sekunden in kochendes Wasser legen, kalt abschrecken und die Haut abziehen. Kerne entfernen und Fruchtfleisch kleinwürfelig schneiden. **Zwiebel** schälen und fein hacken. **Minze** in feine Streifen schneiden. **Schafkäse** grob zerbröseln.

Toastbrot ausdrücken und mit **Faschiertem**, Zwiebel, Käse, Paradeisern, Dotter, Topfen, Minze und Zitronenschale vermischen. Masse mit Salz, Pfeffer, zerdrücktem Knoblauch und einer Prise Chilipulver würzen. Aus der Masse **daumendicke Rollen** von 4 bis 5 cm Länge formen und diese mit befeuchteten Händen glätten.

Fleisch mit Öl bestreichen und ca. 1 Stunde zugedeckt im Kühlschrank rasten lassen.

Fleischröllchen in wenig Öl langsam braten, auf Küchenkrepp abtropfen lassen.

Als Beilage paßt Salat.

Scharfe Fleischröllchen

mit Minze und Schafkäse

Penne all' arrabiata

Zutaten für 4 Portionen

1/2 kg Penne lisce
5 dag Speck

1 Zwiebel
2 Zehen Knoblauch
1 Chilischote
1/2 l passierte Paradeiser
3 EL Olivenöl

Salz, Pfeffer, Petersilie, Parmesan

Zwiebel und Speck kleinwürfelig schneiden und in Olivenöl anschwitzen. **Knoblauch** fein hacken, gemeinsam mit der ganzen **Chilischote** dazugeben und ebenfalls anschwitzen. Passierte **Paradeiser** zugeben und ca. 15 Minuten köcheln. Mit Salz und Pfeffer würzen.

In der Zwischenzeit reichlich Salzwasser erhitzen, evtl. einen Schuß Öl zugeben. **Nudeln** in das kochende Wasser geben und al dente kochen (dauert etwa 10 Minuten). Nudeln abseihen und gut abtropfen lassen.

Chilischote aus der **Sauce** entfernen, Sauce mit den Nudeln sowie feingehackter Petersilie verrühren und mit geriebenem Parmesan bestreut servieren.

PENNE ALL' ARRABIATA

Chili con Carne

Zutaten für 4 Portionen

80 dag faschiertes Rindfleisch

1/2 kg Paradeiser
2 Zwiebeln
4 Zehen Knoblauch
1 Chilischote, rot oder grün
10 dag Essiggurkerln
1 kleine Dose rote Bohnen

1 TL Chilipulver
Petersilie
10 dag schwarze Oliven
1 Spritzer Essig
1 Prise Zucker

etwas Öl
Salz und Pfeffer

Paradeiser in kochendem Wasser kurz überbrühen und schälen. **Gurkerln** feinwürfelig schneiden. **Zwiebel** und **Knoblauch** schälen und fein hacken. **Chili** waschen und putzen.

Zwiebel und Knoblauch in Öl anrösten, geputzte und kleingeschnittene Chilischote dazugeben und mitbraten. Gurkerln und **Faschiertes** hinzufügen und durchrösten. Mit Chilipulver, Salz und Pfeffer würzen. Paradeiser (bis auf 2 Stück) und Bohnen zufügen und mit einer Gabel zerdrücken, um eine **saucenartige Konsistenz** zu erhalten. Eine Prise Zucker und einen Spritzer Essig einrühren und etwa 1/2 Stunde lang kochen lassen.

Garniert mit Paradeisstücken (Paradeiser vierteln), Oliven und Petersilie servieren.

Chili con Carne

Scharfe gelbe Paprika, gefüllt

Zutaten für 4 Portionen

30 dag faschiertes Lammfleisch

4 gelbe Paprika
1 kleiner, roter Paprika
1 kleiner grüner Paprika
1 kleiner Zucchino
1 kleine Zwiebel
10 dag passierter Spinat
(kleine TK-Packung, Rest für Spinatsuppe verwenden)

1/4 l Schlagobers
5 dag Butter
1 Ei
4 dag Weißbrotbrösel

etwas Olivenöl
Thymian
Rosmarin
Muskatnuß
Senf, Salz und Pfeffer

Paprika und **Zucchino** waschen. Roten und grünen **Paprika** sowie **Chili** halbieren, Stiele und Kerne entfernen, das Fruchtfleisch kleinwürfelig schneiden. Vom **Zucchino** Stielansatz entfernen, Zucchino kleinwürfelig schneiden. Danach **Zwiebel** und **Knoblauch** schälen, Zwiebel fein hacken. Knoblauch zerdrücken.

Olivenöl erhitzen. Zwiebel und Zucchino anschwitzen, Paprikawürfel zufügen, durchschwenken und mit Salz, Pfeffer, Thymian, Rosmarin, Senf und Knoblauch würzen. Vom Herd nehmen und auskühlen lassen.

Aus den **gelben Paprikaschoten** die Deckel samt Kernen herausschneiden. Paprika in heißem Wasser 1 Minute lang überbrühen, mit kaltem Wasser abschrecken und am besten auf einem Küchentuch mit der Öffnung nach unten gut abtropfen lassen.

Faschiertes mit Paprika- und Zucchinowürfeln, Ei und **Bröseln** gut vermengen, mit den Gewürzen abschmecken und 10 Minuten lang rasten lassen.

Paprikaschoten füllen und mit der Öffnung nach oben dicht nebeneinander setzen. Mit **Hühnersuppe** untergießen, sodaß die Paprikaschoten bis etwas über die Hälfte in der Flüssigkeit stehen. Zugedeckt 25 bis 30 Minuten lang bei mittlerer Hitze dünsten.

Paprika aus der **Suppe** heben und warmstellen. Suppe aufkochen und so lange kochen, bis nur noch 1/8 l Flüssigkeit im Topf ist. **Schlagobers** zugießen und auf sämige Konsistenz einkochen. Mit geriebener Muskatnuß, Salz und Pfeffer würzen. Gut **ausgedrückten Spinat** sowie die **Butter** zufügen. Mit dem Mixer schaumig aufschlagen. Paprikaschoten in Scheiben schneiden und auf Spinatsauce anrichten.
Dazu paßt Reis, aber auch Erdäpfel oder Nudeln.

Zum Schluß ein Tip: Die Paprika schneidet man am besten mit dem elektrischen Messer!

Scharfe gelbe Paprika, gefüllt

FEURIGE ZIGEUNERSPIESSE

Zutaten für 4 Portionen

35 dag Schweinsfilet
35 dag Lammschulter
10 dag Hamburgerspeck

8 Pfefferoni
8 Champignons
1 Zwiebel

Salz, Pfeffer, Chilipulver

Fleisch zuputzen und in 2-3 dag schwere Stücke schneiden. Vom **Speck** Schwarte wegschneiden und Knorpel ausschneiden. **Zwiebel** schälen. Speck und Zwiebel in Stücke schneiden.

Champignons putzen und waschen, gut trocknen und halbieren, größere Stücke vierteln.

Fleisch, Speck, Zwiebel, Pfefferoni und Champignons in beliebiger Reihenfolge auf die **Spieße** stecken. Mit Salz, Pfeffer, zerdrücktem Knoblauch sowie Chilipulver würzen und auf dem Grill oder in der Grillpfanne braten.

Dazu passen am besten **Folienerdäpfel**:

Erdäpfel gut waschen, in Alufolie einwickeln und im Rohr 40-50 Minuten backen. Folie an der Oberseite auseinanderklappen. Erdäpfel leicht einschneiden, aufdrücken und mit Sauerrahm, gebratenem Speck sowie Schnittlauch füllen.

FEURIGE ZIGEUNERSPIESSE

Scharfes Perlweizenfleisch mit Bohnen

Zutaten für 4 Portionen

3/4 kg Rindfleisch
(am besten Wadschinken)

1 ganze Chilischote
1/4 kg Perlweizen (körnig)
2 Zwiebeln
1 EL Paradeismark
1 EL Paprikapulver (edelsüß)
1/2 TL Cayennepfeffer

2 EL Bratensaft (evtl. aus der Tube)
1/4 l Rindsuppe

Für die Garnitur:
10 dag rote Bohnen (evtl. Dose)
10 dag Fisolen
10 dag weiße Bohnen (evtl. Dose)
2 EL Butter

Salz, Pfeffer, Thymian, Rindsuppe, Öl

Herzustellen in ca. 1 Stunde.

Fleisch zuputzen und in Würfel von ca. 2 cm Kantenlänge schneiden. **Zwiebeln** schälen und hacken.

In einer großen Pfanne 2 EL Öl erhitzen, **Fleisch** zugeben und **scharf anbraten**, herausheben und warm stellen.

Im Bratenrückstand Zwiebeln unter ständigem Rühren goldgelb rösten. Hitze reduzieren, Paprikapulver und Paradeismark einrühren, sofort mit ca. 1/4 l **Rindsuppe** ablöschen und gut verrühren. Bratensaft einrühren und mit Salz, Pfeffer und Thymian würzen. Fleisch sowie die **ganze Chilischote** zugeben und ein paar Minuten dünsten.

Perlweizen zugeben, mit 1 1/2-facher Menge Suppe aufgießen, gut verrühren und weich dünsten. Eventuell nachwürzen.

Für die Garnitur **Fisolen** putzen, waschen, in 2-3 cm lange Stücke schneiden, in gesalzenem Wasser kochen, abseihen, abschrecken und gut abtropfen lassen. Weiße und rote **Bohnen** auf ein Sieb schütten, abspülen und gut abtropfen lassen. Bohnen in heißer Butter erwärmen und gegen Ende der Garzeit unter das Perlweizenfleisch rühren.

Vor dem Servieren die Chilischote entfernen.
Als Beilage paßt Salat.

SCHARFES PERLWEIZENFLEISCH
MIT BOHNEN

Curry-Reiseintopf scharf

Zutaten für 4 Portionen

3/4 kg Hühnerbrüste
(ausgelöst und ohne Haut)

1/4 kg Langkornreis
2 Zwiebeln
2 EL Curry
2 Paprika (rot und grün)
1 Chilischote
1/4 kg rote Bohnen
(am einfachsten aus der Dose)

3/4 l Suppe (evtl. Würfel)

1/2 Bund Petersilie
Salz, Pfeffer, Öl, Mehl, Butter

Hühnerbrüste quer in nicht zu dicke Scheiben schneiden und mit ein wenig Mehl bestauben.

Zwiebeln schälen und fein hacken.

In einer Pfanne wenig Öl erhitzen, Hühnerfleisch anbraten, aus der Pfanne heben. Pfanne mit Küchenkrepp sauber wischen.

2 EL **Butter** darin erhitzen, Zwiebeln und **Curry** zugeben, unter ständigem Rühren anschwitzen, mit **Suppe** aufgießen und gut verrühren. Fleisch und **Reis** zugeben, mit Salz und Pfeffer würzen und zugedeckt ca. 20 Minuten dünsten.

Für die Garnitur **Bohnen** abseihen und unter fließendem Wasser gut spülen.

Chili sowie **Paprika** der Länge nach durchschneiden; Kerne, Strünke und Scheidewände entfernen. Paprika waschen und in gleichgroße Stücke schneiden. Chili fein würfeln. Paprika in leicht gesalzenem Wasser kurz überkochen, abseihen, abschrecken und abtropfen lassen. Petersilie hacken.
Gegen Ende der Garzeit Paprika, Chiliwürfel, Petersilie und Bohnen unter den Reis mischen.

Als Beilage serviert man am besten Salat.

CURRY-REISEINTOPF
SCHARF

Debreziner Gulyas

Zutaten für 4 Portionen

80 dag Wadschinken

1/2 kg Zwiebeln
2 EL Schmalz
3 EL Paprika (edelsüß)
1 gestr. TL Cayennepfeffer
2 Zehen Knoblauch
1 TL Kümmel (ganz)
1 TL Majoran
1 EL Paradeismark

Essig
Mehl
Salz und Pfeffer

4 Paar Debreziner
1 roter Paprika
1 grüner Paprika
1 EL Butter

Vom **Wadschinken** die groben Haut- und Sehnenansätze entfernen. Die einzelnen Fleischstränge in gleichmäßig dicke Scheiben schneiden.

Zwiebeln schälen, halbieren und nudelig schneiden, **Knoblauch** schälen. Majoran, Kümmel und Knoblauch fein hacken.

Schmalz erhitzen, Zwiebeln zufügen und unter ständigem Rühren goldbraun rösten. Knoblauch, Kümmel und Majoran zufügen, durchrühren, vom Herd nehmen. Paprikapulver sowie **Cayennepfeffer** einrühren und mit Wasser ablöschen.

Das **Fleisch** zufügen, mit Salz, Pfeffer, einem Spritzer Essig sowie **Paradeismark** würzen. Mit dem **Gulyasansatz** vermengen und mit soviel Wasser aufgießen, daß das Fleisch knapp bedeckt ist. Auf kleiner Flamme zugedeckt köcheln (je nach Fleischqualität bis zu 3 Stunden).

Paprikaschoten waschen, halbieren, entkernen und das Fruchtfleisch streifenförmig schneiden. In Salzwasser 3 bis 4 Minuten überkochen, abseihen und mit kaltem Wasser abschrecken.

2 Paar **Debreziner** in Scheiben schneiden. Die übrigen Debreziner in heißes Wasser legen und erwärmen.

Etwas **Mehl** mit Wasser glattrühren und ins fertig gekochte Gulyas einrühren. Debrezinerscheiben mit dem Gulyas vermengen. Paprikastreifen in Butter anschwitzen. Gulyas anrichten, mit Debrezinern und Paprikastreifen bestreut servieren.

Zu diesem Gulyas braucht man keine weiteren Beilagen – außer vielleicht frische Semmeln und ein bis zwei Seiterln Bier.

DEBREZINER GULYAS

Linsengulasch

Zutaten für 4 Portionen

40 dag Linsen
5 dag Räucherspeck
1 Paar Debreziner Würstel
2 Krainer Würste

1 Zwiebel
1-2 Zehen Knoblauch
1/4 kg Erdäpfel
15 dag Knollensellerie
2 Karotten
1 kleiner roter Paprika
1 Chilischote (rot)
1 TL Schweineschmalz (oder Öl)
1 EL Paprika (edelsüß)

1/8 l trockener Weißwein

Cayennepfeffer, Lorbeerblätter, Essig, Pfeffer und Salz

Linsen waschen. **Zwiebel** und **Knoblauch** schälen. Zwiebel fein schneiden. **Räucherspeck** kleinwürfelig schneiden. **Chili** putzen und fein hacken.

Schmalz erhitzen. Speck und Zwiebel anrösten. Hitze reduzieren, **Chili** dazugeben, das Paprikapulver einrühren und mit **Weißwein** ablöschen.

Linsen zugeben und mit Salz, Pfeffer, etwas Cayennepfeffer, 2 Lorbeerblättern einem Spritzer Essig sowie gepreßtem Knoblauch würzen. Mit Wasser aufgießen, bis die Linsen knapp bedeckt sind. Auf kleiner Flamme zugedeckt in 20 bis 30 Minuten weichkochen. Öfter umrühren.

Erdäpfel, Sellerie und **Karotten** waschen, schälen und in gleich große Stücke schneiden. **Paprika** halbieren, entkernen, waschen und grobwürfelig schneiden. Alles in Salzwasser bißfest kochen, abseihen und mit kaltem Wasser kurz abschrecken.

Debreziner Würstel und **Krainer Würste** schräg in dicke Scheiben schneiden. Weichgekochte Linsen (die Kochflüssigkeit sollte fast verdampft sein, wenn nicht, etwas Flüssigkeit abgießen) mit Erdäpfeln, Sellerie, Karotten, Paprika und den Würsten vermengen. Alles zusammen ein paar Minuten köcheln lassen. Währenddessen oft umrühren, sonst brennen die Linsen an! Linsengulyas mit Salz, Pfeffer, eventuell noch etwas Knoblauch und **Cayennepfeffer** abschmecken.

Mit frischen Semmeln und gut gekühltem Bier servieren.

Ein Tip: Beim Einweichen verlieren die Linsen viele wertvolle Nährstoffe – deshalb lieber darauf verzichten! Die Linsen sind auch so in etwa einer halben Stunde ausreichend, nämlich »bißfest«, gekocht.

Linsengulasch

SCHARFE EIERSPEISE MIT SALAMI, PFEFFERONI UND CHILI

Zutaten für 2 Portionen

6 Eier
1 EL Butter
10 dag Salami
3 Pfefferoni
(am besten in verschiedenen Farben)

1 grüne oder rote Chilischote
1 Bund Schnittlauch

Salz, Pfeffer, Öl

Salami in 3-4 mm dicke Scheiben und anschließend in Streifen schneiden. Salami in wenig Öl knusprig anbraten, aus der Pfanne heben und gut abtropfen lassen oder mit Küchenkrepp trockentupfen. Pfefferoni waschen und in Scheiben schneiden.

Chili putzen und in hauchdünne Streifen schneiden. **Schnittlauch** waschen und fein schneiden.

Eier in eine Schüssel schlagen, salzen und mit einer Gabel verrühren.

Butter bis zum Aufschäumen erhitzen; Salami, Pfefferoni, **Chili** und Schnittlauch kurz anschwitzen, Eier zugießen und kräftig verrühren. Eier cremig anstocken lassen.

Vor dem Servieren mit frisch gemahlenem Pfeffer oder **Cayennepfeffer** bestreuen.

Scharfe Eierspeise
mit Salami, Pfefferoni und Chili

BURRITO WEICHE TORTILLAS AUS WEIZENMEHL

Zutaten für 6 Portionen

Für den Teig:
1/2 kg glattes Weizenmehl
6 dag Schmalz oder **Margarine**
1/4 l Wasser

Für die Fülle:
1/2 kg faschiertes Rindfleisch
20 dag schwarze Bohnen
(wenn möglich Refritos)*

1 EL Paradeismark
1 Zwiebel
2 Zehen Knoblauch
10 dag geriebener Käse
1/16 l passierte Paradeiser**

Für die Garnitur:
1/4 l Chilisauce
1/4 l Sauerrahm
1/4 l Guacamole
Salz, Öl, Mehl, Pfeffer

* Die Bohnen sollten Sie bereits am Vortag in Wasser einweichen. Sollten Sie keine schwarzen Bohnen bekommen, so können Sie auch rote verwenden.

** Die passierten Paradeiser gibt es fertig zu kaufen.

FÜR DEN TEIG

Mehl, Salz und **Margarine** oder Schmalz gut verkrümeln. Tropfenweise Wasser zugeben und die Masse zu einem glatten Teig verarbeiten (der Teig sollte nicht mehr klebrig sein). Teig zu einer Kugel formen, mit einem leicht befeuchteten Tuch abdecken und ca. 1/2 Stunde rasten lassen.

FÜR DIE FÜLLE

Bohnen bißfest kochen, abseihen und gut abtropfen lassen. **Zwiebel** schälen und fein hacken. **Knoblauch** schälen und durch die Knoblauchpresse drücken.

Zwiebel und Faschiertes in **Öl** anschwitzen, **Paradeismark**, Bohnen, Salz, Pfeffer und Knoblauch zugeben, die Masse gut anbraten, die **passierten Paradeiser** zugießen und schmoren lassen. Masse vom Feuer nehmen und den **geriebenen Käse** einrühren.

Teig auf einer bemehlten Arbeitsfläche dünn ausrollen und mit Hilfe eines Tellers runde Scheiben ausstechen (Durchmesser ca. 20 cm).

Die **Tortillas** mit Mehl bestäuben und bereitstellen. Eine Pfanne (am besten antihaftbeschichtet) gut erhitzen, ein paar Tropfen Öl zugeben, Tortillas beidseitig jeweils 10 Sekunden braten, mit der warmen Fülle belegen und einschlagen.

Auf Tellern anrichten und mit Sauerrahm, Chilisauce und Guacamole servieren.
(Rezepte dafür finden Sie ebenfalls in diesem Buch!)

Burrito

Weiche Tortillas aus Weizenmehl

Gefüllte Paprika auf italienische Art

Zutaten für 4 Portionen

4 rote Paprika
1 rote Chilischote
2 altbackene Semmeln (Brötchen)

100 ml Olivenöl
2-3 Knoblauchzehen
2 TL Kapern
6 Sardellenfilets
2 EL Petersilie, gehackt
1 EL Thymian
16 Oliven (schwarz)
Salz und Pfeffer
10 dag Parmesan (gerieben)

1/8 l klare Suppe

Backrohr auf 180° vorheizen.

Paprika waschen. Deckel von den Paprikaschoten abschneiden; innen aushöhlen und säubern.

Altbackenes **Weißbrot** von der Rinde bzw. Kruste befreien (abschneiden oder abreiben). Feinwürfelig schneiden und in einer Schüssel in 3 EL Ölivenöl einweichen.

Chili putzen: Der Länge nach aufschlitzen, von Scheidewänden und Samen befreien. Die saubere Schote so fein wie möglich hacken.

Knoblauch, Kapern, Sardellenfilets und **Kräuter** ganz fein hacken und mit der gehackten Chili zum im Öl getränkten Weißbrot geben.

Entsteinte **Oliven** fein hacken und ebenfalls dazugeben. Die Mischung mit Salz und Pfeffer würzen. Restliches Olivenöl unterrühren und gut vermischen.

Die 4 **Paprikaschoten** in eine feuerfeste Form (Auflaufform) setzen und füllen. Parmesan darüberstreuen, zum Schluß den Deckel daraufsetzen.

Die **Suppe** in die Form gießen und alles im vorgeheizten Rohr bei 180° etwa 40 Minuten garen.

Scharf kochen ohne Fleisch

Nicht nur Vegetarier lieben die rein pflanzliche Küche!

Erstaunlich, wie viele Genußrezepte es gibt, die ganz ohne Fleisch auskommen – und die trotzdem jedem schmecken.

Ganz im Sinne der kulinarischen Trends dieser Zeit möchte ich Ihnen daher meine fleischlosen Lieblings-Chili-Gerichte präsentieren, die durchwegs aus wärmeren Gefilden stammen.

Sie wissen ja: Je heißer das Land, desto träger die Verdauung. Umso besser, wenn es verschiedene Gewürze gibt, die dem lahmen Gedärm wieder auf die Sprünge helfen. Allen voran natürlich der Chili – und es gibt meines Wissens kein tropisches Land, in dessen Küchen er nicht verwendet wird!

Exotische Rezepte sind übrigens meist sehr einfach nachzukochen. Auch die Zutaten sind unkompliziert und überall bei uns zu haben. Einzige Voraussetzung: Die Liebe zum Chili.
Und die Begeisterung für kulinarische Höhepunkte, die in ihrer raffinierten Einfachheit überraschen und trotzdem (leider) nur selten auf unseren Tischen zu finden sind.

In diesem Sinne: Viel Freude beim Nachkochen und Kosten!

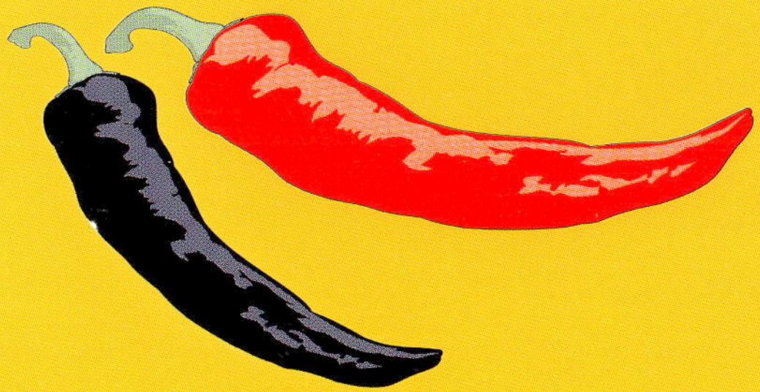

KÜRBISGEMÜSE

Zutaten für 4 Portionen
(oder 8 Portionen als Beilage)

1 Zwiebel
3 Zehen Knoblauch
2 rote Paprikaschoten
1 rote Chilischote
40 dag Kürbis
30 dag Paradeiser
1 Maiskolben
2 EL Öl

0,2 l Gemüsesuppe

1 TL Paprikapulver (edelsüß)
Muskatnuß
Zimt

Zwiebeln und **Knoblauch** fein hacken. **Paprika** in 1 cm breite Streifen, **Kürbis** in 2 cm große Würfel, geschälte **Paradeiser** in kleine Würfel schneiden. **Chili** putzen und fein hacken.

In einem flachen Topf **Öl** erhitzen, Zwiebeln und Knoblauch goldgelb anbraten. Paprikastreifen dazugeben, unter Rühren 3 Minuten anbraten. Kürbis, Paradeiser, Chili, **Gemüsesuppe**, Paprikapulver, Muskatnuß, Zimt, einrühren.

Das Gemüse 25 bis 30 Minuten leicht köcheln; ab und zu vorsichtig umrühren, damit der Kürbis nicht zerfällt; er soll weich sein, aber noch Biß haben.

Die **Maiskörner** mit einem scharfen Messer vom Kolben trennen, unter das Gemüse mischen, 2 Minuten miterhitzen. Mit Salz abschmecken.

Dazu paßt Hirse oder Naturreis und eine kalte Joghurt-Kräutersauce.

KÜRBISGEMÜSE

GAZPACHO MIT MANDELN UND PAPRIKA

Beliebte Vorspeise oder leichte Hauptmahlzeit für heiße Sommertage

Für 4 Personen

60 dag rote Spitzpaprika
(Türkei oder Spanien)
oder 60 dag chile poblano

50 ml Olivenöl
2 Knoblauchzehen
20 dag Mandeln, gehäutet

1 l klare Hühnersuppe

1 Messerspitze Kümmel, gemahlen
1 TL Salz
25 dag Garnelen, gekocht

Chilis rösten, häuten und Scheidewände sowie Samen entfernen. Sehr fein schneiden.

Knoblauch schälen und zerdrücken; im erhitzten Olivenöl leicht angehen lassen. Chilis dazugeben und unter ständigem Rühren bei mittlerer Temperatur anbraten.

Mandeln mit der **Hühnersuppe** fein pürieren und zu den Chilis geben. Mit Kümmel und Salz würzen, ca. 10 Minuten leicht köcheln lassen, immer wieder umrühren.

Abkühlen lassen, danach im Kühlschrank lange genug durchkühlen. Mit den **Garnelen** garniert eiskalt servieren.

Dazu paßt frisches Weißbrot.

Anguilla-Suppe Scharfe, pürierte Kichererbsensuppe

Vorspeise für 4 Personen

30 dag getrocknete Kichererbsen
1/2 Bund Suppengrün
3 EL Öl

1/8 l klare Hühnersuppe

etwas Kurkumapulver, gemahlen (Gelbwurz)
etwas Kreuzkümmel, gemahlen
1/2 TL Chilipulver bzw. Cayennepfeffer
Salz und schwarzer Pfeffer
etwas Zitronensaft

Kichererbsen in einer großen Schüssel mit Wasser bedeckt über Nacht einweichen (oder etwa 8 Stunden quellen lassen).

Danach die **Erbsen** abwaschen und in einen Topf mit etwa 1 l Wasser sowie einer Prise Salz geben. Zum Kochen bringen.

In der Zwischenzeit **Suppengrün** putzen und klein hacken. Dann die heißen, weichen Kichererbsen mit einem Mixstab fein pürieren.

In einem Topf **Öl** erhitzen, das kleingehackte Suppengrün darin andünsten. Mit **Hühnersuppe** ablöschen und mit dem Erbsenpüree auffülle. Kurz durchkochen und mit den Gewürzen abschmecken.

Mit frischem Weißbrot oder Maischips servieren.

Rote Linsensuppe Jamaika

Vorspeise für 4 Personen

6 mittelgroße Zwiebeln
30 dag weiche, rote Linsen

5 EL Erdnußöl
1 EL brauner Rohrzucker
etwas Salz
etwas Kümmel (gemahlen)
Cayennepfeffer
1 EL Paprikamark oder Tomatenmark
1 rote Chilischote

1 3/4 l klare Gemüsesuppe

5 dag Butter
20 dag gekochter Reis
10 dag Mandelblättchen
etwas gemahlene Muskatblüte

Zwiebeln schälen, halbieren und in Streifen schneiden. **Linsen** mit kaltem Wasser abspülen und über einem Sieb abtropfen lassen. **Chilischote** säubern, von Scheidewänden und Kernen befreien und feinwürfelig schneiden.

Zwiebelstreifen im Erdnußöl glasig andünsten. Unter **ständigem Rühren** zusammen mit den übrigen Gewürzen, dem Zucker und den Linsen zu den Zwiebeln geben. Etwa 5 Minuten köcheln lassen.

Dann die **klare Suppe** langsam angießen. Bei geschlossenem Topf etwa 20 Minuten köcheln lassen. Die Suppe mit einem Mixstab pürieren und nochmals abschmecken.

Zum Schluß in einer Pfanne die **Butter** heißschäumend erhitzen. **Reis** und **Mandelblättchen** unter Schwenkbewegungen andünsten. Leicht salzen, pfeffern und mit **Muskatblüte** verfeinern.

Diese Suppeneinlage in die bereits vorbereiteten und angewärmten Teller geben und darüber die Suppe gießen.

Mit frisch gehackten Kräutern auf den Tisch bringen.

Gebackene, scharfe Eier aus dem Ofen – Indien

Vorspeise für 2 Personen

4 Eier
2 Zwiebeln (in Ringe geschnitten)
4 Knoblauchzehen, zerdrückt

8 EL Obers
2 TL Kümmel
2 TL Koriander
1 TL Chilipulver
etwas Salz

Zwiebeln, Knoblauch und **Gewürze** unter ständigem Rühren in einer beschichteten Pfanne anbraten. **Obers** dazugeben und gut umrühren. Vom Feuer nehmen und abkühlen lassen.

Backrohr auf 180° vorheizen.

Die Mischung in eine feuerfeste Form geben und die **Eier** wie für Spiegeleier darüberschlagen. Im heißen Ofen so lange backen, bis die Eier fest sind – dauert etwa 15 Minuten.

Knusprige Käsestangen Puerto Rico

Vorspeise, am besten zum Apéritiv, für 2-4 Personen

1/2 l Wasser
etwas Salz
15 dag Polenta (Maismehl)
8 dag geriebener Käse
(z.B. Emmentaler oder Gouda)
1 Chilischote
(geputzt, Scheidewände und Kerne entfernt)
etwa 0,1 l Öl zum Herausbacken

Wasser mit Salz einmal aufkochen lassen. Unter ständigem Rühren **Maismehl** einrieseln lassen und alles zu einem Brei verarbeiten.

Den Topf vom Feuer ziehen und die Masse unter Rühren etwas abkühlen lassen. Den **Käse** einarbeiten, zum Schluß die in hauchdünne Streifen geschnittene **Chilischote**.

Den Teig etwa 15-20 Minuten ruhen lassen.

Mit kaltem Wasser die Hände befeuchten und aus dem Teig **fingerdicke Streifen** von ca. 8-10 cm Länge herstellen. Auf einem Brett mit Frischhaltefolie bedecken und noch ca. 1 Stunde im Kühlschrank rasten lassen.

Dann im **heißen Fett** beidseitig goldbraun backen.

Vor dem Servieren auf Küchenpapier abtropfen lassen, damit die Käsestangen nicht zu fett sind.

Für Mild-Genießer könnte eine zweite Portion nach dem gleichen Rezept, allerdings ohne Chili, gebacken werden.

Knoblauchreis mit Chili

Sparsam und ideal zum Verwerten von übriggebliebenem Reis!

Vorspeise für 4 Personen
oder leichtes Abendessen für 2 Personen

2-4 Tassen gekochter Reis
3-4 Knoblauchzehen
1 Chilischote
Salz
1 EL Butter oder Pflanzenfett

Chili vorbereiten (Häuten, Scheidewände und Kerne entfernen, dann in ganz dünne Streifen schneiden).

In einer großen Pfanne mit glattem Boden **Fett** mäßig erhitzen und den geschälten, in Scheiben geschnittenen **Knoblauch** darin glasig anbraten.
(Achtung: Nicht braun werden lassen, der Knoblauch schmeckt sonst bitter!)

Nach 2-3 Minuten die Chilistreifen dazugeben und kurz mitbraten. Dann den **Reis** dazugeben und salzen, bei etwas größerer Hitze den Reis unter ständigem Rühren bzw. Wenden mitbraten.

Nach etwa 5 Minuten kann der Knoblauch-Chilireis serviert werden.

Dazu paßt grüner Salat.

SAMOSA PASTETE MIT PIKANT-SCHARFER FÜLLE – INDIEN

Zutaten für etwa 12 Stück

Teig:
1 EL Öl
10 dag weißes Mehl (Weizenmehl)
10 dag dunkles Mehl (z.B. Roggenmehl)
1/4 Tasse warmes Wasser
etwas Öl zum bestreichen
Salz

Füllung:
20 dag gekochte Kartoffeln, klein geschnitten
2 Zwiebeln, grob gehackt
2 TL Koriander
2 TL Kreuzkümmel
2 TL Chilipulver
1 TL Turmeric

FÜR DEN TEIG

Öl und **Mehl** vermischen; warmes Wasser langsam dazugeben, um einen relativ festen Teig zu erhalten. Etwa 5 Minuten kneten.

Dann **walnußgroße Kugeln** formen, mit Öl bestreichen und mit einem feuchten Tuch bedecken. Ca. 30 Minuten rasten lassen.

Nudelbrett mit Mehl bestreuen, Kugeln einzeln bis zu einer Größe von etwa 8-10 cm flach ausrollen.

FÜR DIE FÜLLE

Zwiebeln in etwas Öl anbraten, **Gewürze** dazugeben und kurz mitbraten. Unter ständigem Rühren **Kartoffeln** dazugeben und ebenfalls mit anbraten.

Auf die vorbereiteten **Teigfladen** etwas Füllung geben. Die Ränder mit Wasser anfeuchten, dann die Samosa überklappen und die Ränder zusammendrücken.

Die so entstandenen dreieckigen Teigtaschen werden im **heißen Fett** schwimmend goldbraun gebacken. Vor dem Servieren auf Küchenkrepp abtropfen lassen.

Kuba-Gemüse

Das Geheimnis der kubanischen Küche: Rafinesse – und Schärfe!

Hauptspeise für 2 Personen
oder Vorspeise für 4 Personen

1 Bund Jungzwiebeln
20 dag frische Champignons
2 frische Chilischoten

Pfeffer und Salz
4 EL Öl
1 Prise Muskatblüte (gemahlen)
35 dag Mehl
10 dag Butter (flüssig)
Salz

1/2 l warme Milch
4 Eier
Butter für die Form

Von den **Zwiebeln** nur die obersten grünen Spitzen abschneiden, das meiste Grün sowie die hellen Zwiebeln, soweit möglich, verwenden. Putzen und in dünne Ringe schneiden. **Champignons** putzen und in feine Scheiben schneiden.

Die **Chilis** häuten, aufschlitzen und von Scheidewänden sowie von den Kernen befreien. In hauchdünne Streifen schneiden.

Das geschnittene Gemüse sowie die Champignons im **heißen Öl** einige Minuten anbraten. Nach Geschmack würzen und die Pfanne vom Feuer nehmen.

Backrohr auf ca. 220° vorheizen.

Für den **Teig** das Mehl mit der flüssigen Butter, Salz, Milch und Eiern verschlagen, am besten mit dem elektrischen Mixer. Die Mischung ca. 10 Minuten durchmixen, damit der Teig entsprechend Luft bekommt.

Eine Auflaufform großzügig buttern.
Gemüse in die **gebutterte Form** geben und den Teig darüber leeren. Im vorgeheizten Rohr ca. 30 Minuten backen.

Dazu schmeckt grüner Salat – und sicher auch eine der in diesem Buch vorgeschlagenen Chili-Saucen!

Überbackener Spargel

Dieses Rezept ist original karibisch und stammt von den Jungferninseln!
Eine (mäßig scharfe) Erinnerung an Barbados...

Hauptspeise für 2 Personen
oder Vorspeise für 4 Personen

80 dag frischer, weißer Spargel
(ersatzweise etwa 50-60 dag Spargel aus dem Glas – dünner Dosenspargel eignet sich nicht so gut für dieses Rezept!)

10 dag Butter
1 Prise Zucker
Zitronensaft
4 dag Mehl
2 dl Milch (nicht ganz 1/4 l)
3 Eier

Cayennepfeffer bzw. **Chilipulver**

Zuerst den **Spargel** kochen (entfällt bei Ware aus dem Glas): Die Spargelstangen schälen und holzige Stellen entfernen. In genügend kochendes Wasser einlegen, dem zuvor etwas **Butter, Zucker** und **Zitronensaft** beigefügt worden ist.

Ein Stück altbackenes **Weißbrot** mitkochen, das nimmt dem Spargel den (fallweise möglichen) bitteren Geschmack. Nach etwa 10 bis 15 Minuten Kochzeit mit der Gabel an der dicksten Stelle probieren, ob der Spargel durchgegart ist.

Aus dem Wasser heben, in einem Sieb abtropfen lassen und alle Spargelstangen in drei Stücke schneiden. Eine nicht zu große Auflaufform buttern.

Backrohr auf 180° vorheizen.

In einem Topf die **Butter** erwärmen und aufschäumen lassen. Das **Mehl** darübersieben und unter ständigem Rühren in der Butter anrösten, aber immer hell halten! **Milch** nach und nach zugießen, dauernd rühren und so lange köcheln lassen, bis eine dickliche Bechamelsauce entstanden ist. Den Topf vom Herd nehmen und nach kurzem Abkühlen mit der Schneerute drei **Eidotter** unterziehen. Mit **Cayennepfeffer** würzen.

Drei **Eiweiß** mit einer Prise **Salz** zu steifem Schnee schlagen. Eischnee und Spargelstücke unter die Bechamelsauce heben. Auflaufform damit füllen, oben glattstreichen. Mit einem Deckel oder Alufolie dicht verschließen. Die Form in eine Bratpfanne stellen, seitlich kochend heißes Wasser eingießen und alles in das vorgeheizte Backrohr schieben.

Nach etwa 50-60 Minuten ist der Auflauf fest. **Sofort servieren!**

Dazu paßt (neben jeder Art von Blattsalat) sowohl rote als auch grüne Chilisauce –
Rezepte dafür in diesem Buch!

Feurige Ravioli

Eine interessante Nudel-Variation – die Schärfe liegt in der Fülle!

Rezept für etwa
50-60 Eßlöffelgroße Ravioli

Nudelteig:
30 dag Mehl
3 Eier
1 TL Salz
3 EL Olivenöl

Fülle:
15 dag Zwiebeln, fein gehackt
5 dag Butter
30 dag rote Paprika, fein gewürfelt
1 frische, rote Chilischote
20 dag Champignons, fein gehackt
1/2 TL Salz

etwas Pfeffer
evtl. Cayennepfeffer
Rosmarin
Thymian
5 EL klare Suppe

Außerdem:
1 Dotter (zum Bestreichen)
8 dag Butter
2 EL frische Salbeiblätter oder
frisches Basilikum
Parmesan

Nudelteig

Zutaten gut verkneten und einen glatten Teig bereiten. In Folie wickeln und etwa 1 Stunde rasten lassen.

Fülle

Zwiebeln in der **Butter** glasig andünsten. **Chilischote** putzen (waschen, aufschlitzen, Scheidewände und Kerne entfernen) und feinwürfelig schneiden. Mit dem **Paprika** vermischen, beides mit den Zwiebeln in der Pfanne dünsten. Gehackte **Champignons** dazugeben; die Mischung salzen, pfeffern und mit der **Suppe** aufgießen. Mit **Rosmarin** und **Thymian** würzen, 7-8 Minuten zugedeckt köcheln lassen. Pfanne vom Feuer nehmen und die Fülle abkühlen lassen.

In einem großen Topf Salzwasser zum Kochen bringen.

Nudelbrett bemehlen und den **Teig** dünn ausrollen. Runde Formen mit ca. 8 cm Durchmesser ausstechen. Auf jede Teigscheibe etwa 1 TL **Fülle** setzen, dann die Ränder mit dem verschlagenen **Dotter** bestreichen, zusammenklappen und fest zusammendrücken (beim Kochen darf keine Fülle austreten).

Ravioli ins siedende Salzwasser einlegen und etwa 10 Minuten ziehen lassen. Nicht zudecken! Das Wasser soll nicht sprudelnd kochen, sondern nur ganz leicht köcheln. Die gegarten Ravioli herausnehmen und in einem großen Sieb abtropfen lassen.

In einer entsprechend großen Pfanne **Butter** zerlassen und die frischen, grobgeschnittenen **Kräuterblätter** hineingeben. Dann die Ravioli einlegen und kurz in der Butter schwenken.
Auf vorgewärmten Tellern anrichten und mit frischem, geriebenem **Parmesan** servieren.

Chili sin Carne

Selbst überzeugte Fleischtiger werden ihre Freude mit diesem Rezept haben!

Zutaten für etwa 8 Portionen
als Hauptspeise

30 dag getrocknete Wachtelbohnen

3-4 Zwiebeln
5-6 Knoblauchzehen
8 dag Tomatenmark

Außerdem:
3 EL Öl
1 frische, rote Chilischote
1/2 TL Cumin
1 Tl Paprikapulver (edelsüß)
1/4 TL Koriander
etwas Piment
Muskatnuß (gemahlen)
4 EL Sojasauce
1 Suppenwürfel

Bohnen über Nacht einweichen. Am nächsten Tag abtropfen lassen und in 1 1/4 l Wasser zugedeckt etwa 1 Stunde weichkochen. Danach das Wasser nicht abgießen! (Im Dampfdruckkochtopf braucht man nur 1 l Wasser, die Garzeit beträgt 1/2 Stunde.)

Zwiebeln und **Knoblauch** fein hacken und in 3 El **Öl** anschwitzen. Auf kleiner Flamme 15 Minuten dünsten. **Chilischote** putzen und klein schneiden. Dazugeben und kurz mitdünsten lassen. **Gewürze** dazugeben, nach 1-2 Minuten **Tomatenmark** sowie die **Sojasauce** einrühren. Die Mischung unter ständigem Rühren zu einem dicken Brei einkochen – das dauert etwa 3 Minuten.

Nun die Bohnen im großen Topf samt Kochwasser erwärmen und die Zwiebel-Gewürzmischung langsam einrühren. Mit **Suppenwürfel** und **Oregano** würzen und etwa 10 Minuten köcheln lassen. Die Bohnen sollen von einer molligen Sauce umgeben sein!

Das »Chili sin Carne« – also Chili ohne Fleisch – mit Rahm servieren.

Was dazupasst:

Zum Beispiel eine »**Mexikanische Sauce**«;
als »Rote Chilisauce« finden Sie das Rezept in diesem Buch.

Gerne werden auch **Essigzwiebel** dazu gegessen: 1-2 rote Zwiebeln in dünne Ringe schneiden, gut salzen und in Essig sowie etwas Wasser eine Stunde lang marinieren.

Typische Beilage: **gefüllte Tacos**.

Das sind weiche, gefüllte und gerollte **tortillas** aus Maismehl. Es gibt sie heute bereits in jedem gut sortierten Supermarkt zu kaufen! Die Fülle bereiten Sie selbst. Zum Beispiel geriebener Käse, kleingeschnittene Paradeiser, Salat, Gurkerln und scharfe Sauce.

Chili sin Carne